幻愛

小說作者：蔣曉薇

原著劇本：曾俊榮、周冠威

序

幻愛仍是真愛

劉進圖
資深傳媒人

二〇一九年十二月十四日下午，灣仔藝術中心，我看了《幻愛》優先場。《幻愛》說的是精神失常的人，渴望愛與被愛，努力尋找真愛。

精神失常的人，活在一個失常的世界，這個世界據說有幻象，會看到不真實的東西；這個世界據說有幻聽，會聽到不真實的聲音；這個世界據說很痛苦，會有不斷的撕裂與掙扎。這個世界據說沒有愛，有的只是幻愛——幻想中的愛。

二〇一九年下半年，香港進入了一個失常的世界，這個世界本來有真相，香港人卻天天看見假象；這個世界本來有公道，香港人卻天天聽到謊言；這個世界本來繁榮安定、幸福自由，香港人卻經歷到不斷的撕裂與掙扎。這個世界本來很有愛，香港人卻都在問：我還能愛這地方嗎？我所愛的城市，為什麼變了幻想？

人活在失常的世界裏，仍能找到真愛嗎？《幻愛》說可能，只要不怕吃苦，願意犧牲。真實的世界裏，也是如此；許多不怕吃苦、願意犧牲的人，在互相守望中找到幻想中的真愛，比現實世界的情愛更真摯感人。

原來，真愛不如幻愛，幻愛仍是真愛。

一場情愛夢幻之旅

許龍杰
精神科醫生

感謝周冠威導演贈送的優先場戲票，看完病人就從診所趕來。

原本是以普通觀眾的心態入場，當步入戲院，卻不自覺代入了電影裏面治療師的角色。《幻愛》是一套以治療師（therapist）視角和精神病受助者（client）視角交錯表達的電影，劇本裏所有的張力和衝突，就發生在輔導室之中，therapist 和 client 之間那相隔一張枱的距離。兩顆脆弱的心，在治療關係（therapeutic relationship）的碰撞之下，擦出愛情和人性的火花。

果然精彩。

精神病患者對愛情的需要和掙扎，在復康治療之中，長期被大家忽略，彷彿只需要將病人治療得「情緒穩定」，生活就會一切如常。假如病人依然焦慮、抑鬱、妄想和幻覺，那就與愛情絕緣，mentally not fit for love。

但我們又懂說「愛情是找到那補完自己的另一半」，意思是人的心靈本來就是不完整的，要找到真愛才會完全。那精神病人的心靈缺陷，可以因找到那另一半而補完嗎？

《幻愛》的男女主角，陷在幻覺與真實之間的交錯、理想愛情與現實關係的落差、心理治療的專業道德困境（ethical dilemma）之中……劇本似乎對男女主角太嚴苛了，為他們設計了太多的障礙，觀眾心裏都希望看見他們大團圓結局，畢竟兩位年輕主角的臉孔，太清新可喜，但現實中精神病人的情愛之路，就是那麼崎嶇，電影寫實得可怕。

不劇透了。電影精彩，電影小說的描寫更加豐富，假如你未曾看過電影，就更能在小說的細膩筆觸下，加上自己的幻想，投入幻愛之中。

以不一樣的方式存在

李卓敏博士、曹燕茜博士
《幻愛》心理學顧問、臨牀心理學家

嘗試闡述有精神病的人心境的電影有很多，但以他們的愛情需要作為主題的本地電影，《幻愛》應該算是第一套。事實上，與其把《幻愛》定性為一套探討有精神病的人的電影，不如説它是嘗試描述以不同方式存在的人的需要。精神病，與其把它視為一種病，不如把它視為一種存有狀態（being），就如蘇格蘭精神科醫生R. D. 萊恩（R. D. Laing）所言：精神錯亂是對於這個瘋狂世界的正常適應。故文首以「有精神病的人」而非「精神病人」或「精神病患者」稱呼，亦有此意思：他們僅是以與大部分人的「在世存有」（Being-in-the-World）所不同的方式在同一個世界中存在。既然此故事描述是不同存有的人，故事的重點自然就不單只在本應克服了精神病的男主角阿樂，亦在臨牀心理學學生的女主角葉嵐身上。

葉嵐的故事乍看之下很嚇人，作為一位助人專業的學生竟然與本應受她「幫助」及「治療」的阿樂發生超越助人與受助者的關係。這種僭越治療關係的情況固然是有違專業操守，但這也正好反映心理學家或心理輔導員作為人的人性運作，或者應該説連自己也不清楚的人性本質。其實，葉嵐由她的親密關係模式、研究興趣，以至臨牀工作都透露着她對「愛」的執迷。而這種執迷往往會令心理治療師作出一些自以為是助人但實際上是以自己出發的言論及行為。所以在心理治療的訓練過程中（尤其在外國），會非常強調心理治療師的自我反思（甚至規定實習生必須接受個人心理治療），不僅是對臨牀工作技巧上的反思，更是對自身的成長、身分定義、文化價值觀及自身存有的反思，以增強治療師在進入治療關係時的自我覺察。心理治療並不是一種單純「看醫生」式的「有病執藥」服務，也不單講究理論、技巧或步驟，更是一種關係。而這種關係所涉及的是心理治療師與受助者的共同投入，是一種雙方主體意識交流的關係。在存在—人本心理學中，這種治療所強調的就是雙方如何「同在」（presence）。如果治療師未能對自身有所覺察，而只在乎技巧的執行或理論的實踐，甚至把連自己也未留意的執迷帶進去治療關係中，這樣的治療關係有時候不但未能為受助人提供幫助，甚至有可能會傷害到雙方。

電影是敘事，當暗幕一拉，我們都給牽引到別人的生命中，而情感卻開闊了一個宏觀的角度，我們能找到對人物的理解及關懷，接納人物在他們生命中的呈現及狀態，亦是觀影者與電影相遇的意義。寫這序時，已看了一遍電影，重看一次電影小說，仍然能找到餘韻，與電影一樣，被豐富的情感環抱。我們看得懂因為我們明白愛。這是每一個人，最尋常但又最有價值的部分。

作者序

沒有幻想，哪有愛情？

周冠威

在我的成長中，學校沒有教過我什麼是愛，這是電影教曉我的。電影像幻夢，有美夢有惡夢，愛情同樣，有歡愉與浪漫，有殘酷與艱難。

《幻愛》不想太突顯精神病患者或心理輔導員的不同，只想強調作為一個人的相同。每一個人都渴慕愛情，同時都有恐懼愛情的時候。

這是我第一個編寫的劇情長片劇本，第一稿完成於二〇〇六年，這個愛情幻想，可算是我第一個電影夢，經歷熱情又痛苦的創作歷程，輾轉十幾年時間，終於完夢！

感謝曾俊榮先生與我合作編劇，感謝監製曾麗芬女仕及蔡廉明先生的信任，感謝董身達先生、唐才智先生及甄惠梅女仕的投資，感謝電影發展基金的資助，感謝製作團隊的付出，感謝蔣曉薇老師的小說改編，讓這個夢可以延續，還增添了一個與電影不同，卻同樣如夢似幻的結局。感謝劉進圖先生、許龍杰醫生、李卓敏博士及曹燕茜博士賜序，而李博士及曹博士更為《幻愛》電影及小說提供了不少寶貴意見。這個夢不再是我一人，電影有自己的生命，小說亦然，希望每一個人都可以在這夢裏找到自己，找到一些力量，找到愛！

沒有幻想，哪有愛情？

《幻愛》的兩個角色很努力去成為一個更好的自己，去追求愛與被愛。真愛很難，難到有些人不再相信，但這個故事相信，他們勇敢去愛，像很多香港人一樣，在這充滿恐懼的艱難時代，仍然相信改變的可能，勇敢突破，為美好的將來，繼續發夢！

時勢真惡，我們需要想像，需要盼望，需要愛！

在創傷中，互相療癒

曾俊榮

五年前，我離開了教學崗位，決定不再找正職，與演藝學院的舊同學Kiwi（周冠威）成立了「光籽電影」，一起寫劇本找投資。可惜，完成的有警察的故事，也有關於股票的劇本，最後都沒找到資金，需要重新創作新劇本。Kiwi提到，他有一個劇本，十年前已經寫好了，卻一直放下，是他短片《樓上傳來的歌聲》的加長版，也就是現在《幻愛》的雛型。

我看過初稿後，覺得整體意念很好，但始終是十年前寫下的，無論人物情節都有不少改進的空間，尤其是新角色葉嵐，作為一個準心理學家，卻對精神病患者動情，當刻我覺得需要有更好的理由。我對精神病及心理學的議題沒有太多認識，於是惡補看資料，也親自接觸精神病患者及心理學家，發現自己對精神病患實在有不少錯誤理解，也對心理學家有過分幻想。其實，精神病人也好，心理學家也好，都跟我和你一樣，對愛有慾望，也會有創傷，有善良一面，也有陰暗面。很多像我這樣的「正常人」，尤其葉嵐這一類社會精英，為了保護自己，都傾向隱藏甚至壓抑情感，刻意與人保持距離，不去愛就不受傷。我似乎找到了劇本的鑰匙，它不應該站在高地上關懷或憐憫精神病患者，更應是一個互相療癒，彼此學習去愛的故事。

終於，《幻愛》成為了「光籽電影」首部作品。電影上映後，有朋友很喜歡，問我會否把劇本改編成電影小說出版。作為編劇，我希望故事能以文字的形式，作另一種流傳。後來，我問蔣曉薇小姐有沒有興趣參與這件事，身為中文科老師的她，覺得創作一個能跟電影對照的文學文本很有意思，便一口答應。

這個小說是結合電影及原著劇本後再創作，一些被刪剪的場景和內容，也重新放在小說當中。沒有了電影在時間上的限制，有更多篇幅能描寫角色的背景和心理狀態。如果讀者發現小說跟電影有所分別，請不要驚訝，電影與小說本就是兩種截然不同的藝術形式，可以互為參照及對比，但說到底是兩個獨立的創作。我當然希望讀者同樣喜歡電影與小說，但我更希望的是，讀者能夠透過再一次閱讀《幻愛》的小說，思考自己與愛的關係，那就更有意思。

最後，感謝 Kiwi 給我機會一同創作這齣電影、小薇老師的用心改編、Andrew 及突破同工詠慈和 Dawn 的幫助令小說順利出版。

當然也要感謝家人對我的支持和忍耐。

二〇二〇年五月寫在黎明前最黑暗的香港

《幻愛》——給年輕人寫的「紙上電影」

蔣曉薇

二月初，疫情漸漸嚴峻，各界市民設法要求港府封關，窩在家中，追看新聞，竟有末日感。一天，當我在滑手機瀏覽肺炎個案的報導時，收到編劇曾俊榮的訊息，問我可否替《幻愛》寫電影小說。幾天後，他和導演周冠威親臨寒舍，商討合作細節，然後事情就這樣成了。

所以答應撰寫《幻愛》電影小說，原因很簡單，因為看了首映，很喜歡葉嵐和阿樂這兩個角色，還有電影拍出來的屯門情懷。作為自小在屯門碼頭長大的人，我常常被問到屯門有沒有牛、哪裏有田，是否有很多色魔出沒；又常常因為屯門公路大擠塞，被迫在長途巴士坐上個多小時，往往要忍受漲尿之苦。縱使如此，屯門的美卻是令我着迷，她有青山、蝴蝶灣、海濱長堤；她恬靜、安然、簡樸；她遠離市區、自成一角，特別適合盛載社會邊緣人的故事。可能因為對屯門情有獨鍾，讓我特別想寫一個具有屯門特色的故事，而我也有信心可以把她寫好。

第二個原因，跟教學不無關係。這幾年，不少學校中文科都會開設「閱讀課」，或在高中課程加入「電影與文學改編」單元。任教這些科目後，眼見香港電影之中少有小說文本可供比對閱讀，因此很多時候，影視改編的教材還是離不開八十、九十年代的經典作品，如《胭脂扣》、《霸王別姬》、《倩女幽魂》（《聶小倩》）、《半生緣》或金庸作品等等。學校當然可以透過這些作品，讓學生認識八十、九十年代香港電影與文學輝煌的一面，但畢竟這些作品拍攝年代久遠，學生未必認識電影中的影星，將這些香港電影與文學作品進行比較閱讀時，他們往往沒有多大興趣，甚至看不了十分鐘便會閉目養神。因此，很多老師為了吸引學生，只好忍痛更換教材，選用台灣小說或日本的翻譯小說，讓學生進行電影與文學作品的比較閱讀。

雖然老師願意在課程上作出調適，但當學生呈交習作的時候，不難發現華語電影及華文文學其實並沒有因「電影與文學改編」這類課程，而得到學生的重視。大部分學生匯報的，都以《哈利波特》、《饑餓遊戲》、《吸血新世紀》等外國電影及翻譯小說作為研究對象。身為中文老師，花了不少時間跟學生分析華文文學優美之處，介紹出色的華語電影，但吸引學生的始終是流行的外國作品。我不禁想，香港真的沒有吸引年輕人的電影與小說嗎？其實香港不是沒有好作品可以分析，如將《花樣年華》跟《對倒》作對照，或將《射鵰英雄傳》和《東邪西毒》並置分析也是很有意思，但奈何作為初學者的中學生，大部分都未能掌握藝術電影的語言和風格，而荷里活商業電影與外國科幻小說，對他們來說確是更易入口，更為吸引。撫心自問，作為老師，作為一個文字創作者，我可以為香港本土作品重新獲得年輕人關注盡一點綿力嗎？或者，可以拋磚引玉，透過創作電影小說，令年輕人重新關注香港本土創作也未可知。既然《幻愛》電影找來年輕演員劉俊謙、蔡思韵擔任男女主角，或許將電影變成「閱讀課」的教材，可以吸引年輕一代吧！於是，我嘗試撰寫《幻愛》電影小說，斗膽為「香港影視作品改編」加添一個教材，至於成效如何，就只能留待讀者和觀眾判斷了。

因為《幻愛》是先有電影，後有小說，在創作的時候我把電影反覆看了許多次；有時甚至會停在某一畫面仔細研究，思考怎樣將電影語言轉化成文字。由於小說跟電影是不同的載體，很多鏡頭在電影中只是匆匆幾秒，在小說裏則可以用文字玩味很久，這是改編最有趣的地方。在創作時，我刻意在電影語言較難言喻的部分，加入內心獨白，賦予相關意象，嘗試讓《幻愛》成為一部「紙上電影」，創造一個具有文學美感的文本。有時，寫到某些地方，我還會為自己加入了影像較難呈現的比喻而興奮，這些都是將電影改編成小說的樂趣。

整個小說，大概用了一個多月時間完成。為了趕着在電影正式上映前出版，未必能夠力臻完美，但最少把自己想為電影補上的幾筆都寫出來了。這個月，能全心全意投入創作，暫時遠離疫情、遠離抗爭，投入故事，跟當中的角色談一場戀愛，共悲共喜，令生活有了一種新的秩序，也令自己回憶起戀愛的滋味，實是難得。然而，《幻愛》只是單純一個愛情故事嗎？不，並不是！《幻愛》於我，是關於希望的出現與消亡，是對希望的尋找、懷疑、失落，然後再復尋找的過程。這正是魯迅所寫的——「絕望之為虛妄，正與希望相同。」說白一點，就是真正的絕望是不存在的，愛情如是，生活如是，對自由和公義的追求，也當如是。

只要有一個信念埋在心坎，人終其一生持守，始終相信，努力生活，常作準備，或許就能等到事情的轉機。當機會來到，人需要的就是好好把握，我們期待已久的結局，或許就是在夢境中、在腦海裏浮現過千百回的畫面。這是《幻愛》這個作品給我的意義，也是我對香港的祝願。希望這個故事能帶給大家一點力量，勇敢堅持，始終相信。

二〇二〇年四月

編劇曾俊榮、作者蔣曉薇、導演周冠威
攝於二〇二〇年二月十九日

目錄

I

II

I 幻愛

阿樂

1

夜悄悄降臨，為街道譜出與日間不一樣的調子。大街上燈火通明，人羣紛雜，車流如梭，不遠處還有輕鐵在路軌上走過時發出「咔、咔」的聲音。這聲音極像音準跑調的樂器，要是留心細聽，或許會發現這音色其實是某種預告，不過街上的人來去匆忙，誰人也沒有閒情去留意它在暗示什麼。

人羣中有一個中年女人踏着碎步，思思想想，走走停停。她望向夜空，雲間透着幽秘的月光，似是見到什麼常人看不見的恐怖。她無視交通燈訊號，直走過馬路，站在人來人往的街道上。售賣影音器材的店舖一如日常每一天，在繁囂的街道播放着吵耳的普通話流行曲。足浴店閃燈招牌前，依舊有流鶯站着在招生意。她穿過街道兩邊的凍肉檔、茶餐廳、手機舖，慌張地東張西望，走着的每步都是緊緊抓住自己的雙臂。

這個中年女人神情極其痛苦，臉有淚痕，身體不由自主地抽搐。她的頭髮亂蓬蓬的散披在肩頭，嘴唇在顫動着，似是喃喃地唸着將會發生的可怕事情。忽然她用力脫去身上衣服，但一下子又彷彿回復理智，用力把脱去的衣服拉上，像是有兩股力量在她身上拉扯着。幾經掙扎，她還是敵不過那鬼魔的聲音，她屈服了，投降了，她把衣服一件一件脱下，直至身上僅餘胸圍及內褲，然後蜷曲着身體坐在地上。

四周途人看到那個中年婦人不尋常的舉動都為之側目，有男人猥瑣地駐足觀看，有太太則用手遮擋着小孩的眼睛，急步離開。阿樂當時正在回家路上，看到大批途人在圍觀，不禁好奇走近。可是圍觀的人太多，他只看到黑壓壓的頭顱，還未知道在他面前發生的是什麼事情。

忽然，阿樂聽到一把女聲激動地説：「你拍什麼？」

原來圍觀的人羣中，有一個穿着西裝的男士正用手提電話拍攝，一個年輕的長髮女子仗義執言，出聲阻止。阿樂這才注意到人羣中間原來有個僅穿着內衣的女人蹲在地上，眼神恍惚，神經兮兮的，向着天空自言自語。阿樂一下子認出她是阿玲，便立刻衝上前去，脱掉身上的風衣，把風衣套在她身上。

「阿玲，不用怕。」阿樂説。

「聽！他説會殺掉我媽！」

「那是幻覺，不是真的！」阿樂一再強調。

那個長髮女子看見阿玲渾身顫抖，也把身上的披肩脱下，圍在她身上。

「你認識她？」長髮女子問。

阿樂點頭示意。

正點頭的時候，阿樂發現有一道光照向他們，一個男途人又舉起手機拍攝，阿樂立時擋着那手機的鏡頭，大聲說：「走開呀！」

阿玲的樣子極其驚恐，她如同感覺到邪靈侵襲，緊緊抓着長髮女子，身體簌簌地顫抖。她死咬着牙，如同看到無數要殺害她母親的惡靈，怎的也沒法逃出滿懷敵意的人羣。經過一陣擾攘，救護車方到來，救護員先把阿玲送到車上，阿樂也緊隨其後。

在救護車上的阿樂透過窗子，見到警員正在街上向長髮女子查問事發經過。在街燈的映照下，阿樂始發現長髮女子一身素淨的打扮，蔚藍色的牛仔衣套在身上，一條輕紗長裙更顯得她苗條修長。她長了一副秀麗而白淨的臉，兩道清秀的眉下是一雙亮麗的眼睛，阿樂覺得她美極了，便一直怔怔地看着她。

直至救護車門關上，阿樂才回過神來，那時阿玲似乎已經冷靜下來，在擔架牀上睡了。他突然意識到自己手上拿着一條披肩，應是剛才那個長髮女子留下來的，但救護車已開動。他望出窗外，再找不着長髮女子的蹤影。

2

經過一個晚上的折騰，阿樂回到家已經很晚。他小心翼翼地拉開鐵閘，然後再輕輕把它關上，極力不讓鐵閘發出一點聲響。是的，他就是這樣一個認真謹慎的人，生怕自己夜歸會把鄰居弄醒。進到家裏，他還是放輕腳步，放下背包，手上仍拿着那條披肩。他從衣櫃裏取出一個衣架，把披肩掛在窗前，以免把它弄皺。他望着長長淺藍色的披肩，令他又再想起那個女子天使一樣的臉。這一晚，似乎有些難以言喻的東西留在他心頭。

手機忽地顫動，沒有鈴聲，熒幕顯示是姨媽的來電。

「姨媽？」

「今晚找你許多次了，為什麼不聽電話？」

「手機調校到震動模式了。」

阿樂想，其實他平日看曼聯與車路士的足球賽事，電視機也沒開聲響。

「你媽的遺產已經處理好了，公屋用戶會由你媽的名字轉成你的，你記緊到房屋署辦理手續。」

「嗯。表舅父那個飯局，我還是不去了。」

「我答應了你媽要照顧你！那個女孩在廣州做護士，很會照顧人的。」

「我自己懂得照顧自己啊，媽不會怪你的。」

「你聽我說，餘生總要找個人照顧的，難得……」

姨媽苦口婆心勸着阿樂，阿樂虛應幾聲便走到亡母的照片與骨灰前，怔怔的看着。他旁邊就是亡母的房間，房間的門虛掩着，不過他一直沒有走進去，他很怕這舉動會撩動他心底裏的恐懼，要是觸發到什麼情緒，影響了他的日常，這都是他不願意看到的。

「喂，阿樂，你有在聽嗎？」

「嗯。」

「就這樣決定吧！待會我再給你那個女孩的資料，她真是個好女孩！別辜負我和你媽的心意啊！這幾天記緊去辦轉名手續啊！夜了，早點睡啊！明天還要上班呢！」

姨媽把要說的話一拼吐出來後，便掛上電話，阿樂覺得世界又回復清靜了。

阿樂住的公屋是二人單位，一直以來只有他跟母親同住。家裏設施陳舊，並不配襯阿樂的年紀。客廳放置一張二人沙發，沙發前一個木製組合櫃，櫃上是一台電視，組合櫃旁邊有一張木餐桌，如果母親還在，那麼桌上該會有一條清蒸桂花魚。母親常說，魚有豐富的蛋白質，對大腦有幫助。這公屋簡陋得很，除了牆上掛着的日曆和相片，幾乎是半點裝飾都沒有，不過阿樂一點也不介意，他不怕悶，覺得自己可以獨個兒在這裏生活一輩子。

這晚，阿樂梳洗好了後，便躺在牀上。他睡不着，看着窗前的披肩迎風吹拂，想了又想，覺得不安心，於是爬起來，取下長披肩，細細折疊好，把它放回背包裏。他想，要是深夜的風大了，把披肩吹到街上就不好了；他又想，如果有機會在街上重遇她，披肩放在袋裏便能當面歸還啊！這時手機又再震動，阿樂以為是姨母傳來那個廣州護士的訊息，一看才發現是 WhatsApp 羣組傳來阿玲在街頭脫衣的片段，然後訊息如流彈不斷彈出。

「出面瘋傳呀！」

「阿玲看到後果不堪設想！」

「太離譜了！」

「不要給阿玲看到啊！」

阿樂按下去，真見到阿玲脫光了衣服，抱住光禿的兩臂抖顫。阿樂愈看愈是憤怒，便從牀上爬起來，開了電腦。他在 Facebook 一個名叫「精神健康聯盟」的專頁上，打上標題——「停止二次傷害，精神病只是病！」然後開始打着帖文的內容：「精神病患者跟你我一樣，他們只是身體出現毛病，跟我們會患上感冒、糖尿病、心臟病無異，患病並不是他們能夠控制的。最重要的是，精神病跟大部分病患一樣，可以通過治療而康復。可能在大家眼中，會覺得精神病患者病發時的行為很奇怪，但其實只有很少數患者會這樣，即或他們有一些異於常人的行為，也只是病發時的症狀，病人本身也控制不來……」

他盯着熒幕，飛快的在鍵盤上打着，很快已經打了一篇長長的帖文，批評網民在精神病患者的傷口上撒鹽。阿樂愈寫愈生氣，他實在不能容忍外間人對精神病患者的批評和傷害，到文章結尾，他呼籲大家應當以正面態度看待精神病患者，讓他們能融入社區生活；不要再施壓，才能增加他們康復的機會。

帖文完成後，他抬頭看到窗台上放置的「變形俠醫」手辦模型，那是他非常喜歡的電影人物。他在帖文下方打上署名——「怒Hulk」，然後狠狠蓋上電腦。

這個晚上，他註定睡不着了，一團怒火在他胸腔裏鼓得難受，身心好像被火燒炙着似的。

3

鬧鐘鈴聲響起，阿樂爬起身來，把手機的鬧鐘關上。他摸摸胸口，之前一晚的怒火彷彿還在他心裏悶燒着。他爬起來，在客廳倒了一杯涼水，往喉嚨裏灌，方覺得心頭舒暢了些。

阿樂不是一個喜歡賴牀的人，他對自己要求很高，不喜歡為人家添麻煩。他手腳雖然說不上麻利勤快，但從來沒有上班遲到，總是比原定時間早到十五分鐘。他梳洗好了後，看了看鐘，應該可以趕上四十八分開出的那班輕鐵。出門前，不忘打開背包，確定袋裏的披肩已放好，便輕力推開鐵閘，準備乘車去了。

阿樂是一位小學體育老師，他喜歡他的工作，縱使大部分孩子並不喜歡上學，但在他的課堂上，孩子總是歡快的。他們跑的跑，跳的跳，嬉嬉鬧鬧的上體育課，無論在操場哪個角落，都總可以聽到他們的笑聲，彷彿「永遠快樂」這個渺茫的祝願都能實現一樣。當然，要是他在孩子們身邊走過，自己便會成為攻擊目標，混亂得毫無秩序可言。

阿樂開始上課了，這節是足球課，他先示範了射球的技巧，然後叫孩子們模仿他的動作，向着龍門練習射球。不過，足球一來到孩子們的腳上便成了武器，孩子們左腳一抽，右腳一踢，操場便立時上演了一場攻防戰。阿樂擋住龍門前面，任孩子以各樣方式射球。操場上有無數足球在飛，阿樂側身一撲，敏捷地擋出許多射球。孩子們不服氣，聯手向着龍門抽射，兩腳好像裝置了彈簧一樣。他們愈踢愈興奮，射球愈來愈快，阿樂終於招架不住，倒在地上大口大口地喘氣。他打了一個「暫停」手勢，裝作求饒，引得孩子們咯咯地大笑。此刻，誰也沒注意到有一雙眼睛正在樓上注視着他們。

到課堂結束，他便吩咐孩子們解散，開始小息，自己則把足球收拾好，放回儲物室去。回教員室途中，一個男老師跟工友拿着手機看着，阿樂沒有在意，只打算去洗手間洗洗臉，好準備下一節課堂。

這時，男工友卻把手機遞給阿樂說：「李Sir，你看了沒有？」阿樂一看，手機播放的竟是阿玲脱衣的片段。校務處的書記恰巧經過，也湊上前一塊兒看。

「香港愈來愈多癲人！」

「瘋婦，就別要讓她四處走動啊！」

「嘩，原來是個大媽！太重口味了吧！」

「她不是瘋，應該是思覺失調令她產生幻覺，聽到一些不存在的聲音，這是她控制不來的。」阿樂一臉認真的説。

這時，一個女秘書拿着報紙經過，見到大夥兒在聊天，便走到他們身邊翻開報紙。報紙也有報導阿玲在街上脱衣的事，新聞旁邊還有一幅相片，相中有阿樂的身影。

「原來真是你，難怪這樣眼熟！」女秘書説。

「哦！原來你在場的！」

「她是你的朋友嗎？」

「不，不！我只是恰巧經過。」阿樂否認。

「你人真好！換了是我，肯定會急步離開。」

「當然啦！怎知她會做些什麼可怕的事來！雖説精神病是病，但路過覺得驚慌也是人之常情啊！」

校長在學校巡視了一圈後，便從四樓走下來。來到校務處門外，見到大夥兒熱烈的討論着，便板起了臉孔，裝了兩聲咳嗽，極像電視劇裏經典的刻薄上司。大夥兒見到校長，紛紛返回工作崗位，不敢再評論下去。

忽然，校長冷冷的説一句：「李 Sir，放學來找我！要跟你檢討一下課堂的管理。」

阿樂未及回應，校務處的門已經關上。他不知道校長找他要檢討什麼，但他彷彿看到校長的眉頭，是一個烤焦了的核桃仁。

4

阿樂每天的出入都是乘坐輕鐵，輕鐵是連接整個屯門最大型的交通工具，他常常想，屯門一定是給遺棄的角落，否則怎會將這個人類史上最失敗的交通系統安置到這裏來。當大家都說為大灣區打造「一小時生活圈」時，由屯門碼頭站到天富站，由上車直至下車也得搖晃一個小時，如果不是在總站上車，就別指望能找到座位了。每天上班、下班的黃金時段，車廂的人都擠迫得像罐頭裏的沙甸魚，呼吸的每口氣都是人家的熱汗。人生已經夠艱難了，阿樂不想再承受不必要的苦惱，因此他總會選擇避開人潮，待下班時間過去以後，才會乘坐輕鐵回家。反正他沒有要去的地方。反正他只是一個人。

阿樂徐步走向輕鐵月台，想着校長對他說的話。校長訓示他，不許他與學生玩得太親近，也提到自己觀察已久，發現學生在體育課時不守規矩，這很容易會釀成危險。阿樂向校長解釋，自己跟孩子打成一片，不過想讓孩子喜歡課堂，順道可以替他們紓緩學習壓力。校長顯然不接受阿樂的解釋，他認為師生之間必須有一條明確的界線，越過了這界線，對老師和學生都沒有益處。經校長訓示後，阿樂當然不好受，為了分散注意，他便在教員室的書枱上取了村上春樹的書來看，彷彿只有村上春樹才能明白孤獨者的世界。

輕鐵在發出「叮、叮」的聲響後，以極緩慢的速度抵達月台。這是一列雙卡列車，車門打開，他便進到後面的車廂去。輕鐵上的乘客不算多，他在靠窗的位置找到站立的空間，專心看着手上的書。輕鐵徐徐駛離月台，徐徐的在路軌上滑過，遠離了喧囂，獨留下「咔咔」、「咔咔」的聲音在公共屋邨迴盪。不知過了多久，來到一個轉彎處，阿樂望出窗外時，竟在前面的車廂裏發現一張熟悉的臉孔。阿樂放下書，旋即走到列車車頭的位置，想要看個清楚。他發現，在前面車廂的就是昨天遇見的長髮女子，心裏一陣興奮，下班前跟校長面談的積鬱頓時如煙消散。阿樂一直注視着她，眼睛再也沒法轉移到其他地方。

長髮女子不知道阿樂正在注視她。她倚着玻璃窗細看着街道，神態嫻靜，彷彿再普通不過的屋邨街景，在她眼睛裏都能成為一道風光。今天她的打扮跟昨天稍為不同，她束了一條長馬尾，一身運動套裝，清爽活潑，給人一種清新的感覺。兩卡列車時近時遠，在短短的路上時走時停。當列車直走時，站着的乘客會擋着長髮女子的座位，他左右張望，看不到她時，阿樂的心彷彿就如懸在半空；但當列車轉了個彎，他又可以透過窗子瞥見她時，他的心又會鮮活過來。兩卡車廂的距離，給他一種似近還遠、若即若離的誘惑，他的心思像波濤般時起時伏，一直無法平靜下來。

終於，在列車到達月台，在人羣匆匆進出之後，門徐徐關上，他發現長髮女子已經下車。這次重逢被迫在「叮」、「叮」的行車提示聲中結束。一點觸手可及的希望，剎那間無聲無息地消失，他覺得很悵惘，有一種茫然若失的感覺。

5

街燈昏黃，長街寂靜，錯過跟長髮女子相認的機會，這教阿樂若有所失。他拖着緩慢的腳步走着，手上拿着《沒有色彩的多崎作和他的巡禮之年》，心神恍惚地回家去了。

阿樂住的公屋，是一幢四邊對稱的「井字形」公屋，抬頭就可以看到天空，各層走廊猶如公共街道，靠着欄杆可以看到各層住戶。以前，左鄰右里會在井字形走廊打麻將、曬棉被和果皮，孩子們則在梯間煲蠟、玩耍盲雞，自從引入了「公屋扣分制」以後，就再沒法看到這種人文風光了。

阿樂進了大廈，經過天井，抬頭只有滿佈密雲的天空，並沒有發現月亮或星星的光輝。他想，他多像沒有色彩的多崎作，非但沒有朋友，就連星星也看不上他呢！他拖着腳步走進升降機大堂，不一會升降機便到了，按下「十八」，門慢慢地關上。突然，阿樂聽到有人在升降機外喊了一聲「唔該」，阿樂自然地按下開門掣，升降機門一開，竟然是昨夜遇見的長髮女子！

阿樂呆呆不懂反應，只見她按了「十九」後，禮貌地向阿樂微笑。

阿樂緊張得很，心猛地跳動，不時偷望那個女子，但她只是望着樓層顯示屏，抿着嘴巴淺笑。兩人肩並肩站着，都不敢動，也不說話，空氣中瀰漫着一種尷尬又微妙的氣氛。

經過長久的靜默後，升降機到達十八樓，門開啟了。阿樂鼓起勇氣轉身說：「認得我嗎？」

「我以為是你認不得我。」長髮女子帶笑說着。

二人相視而笑，阿樂感覺到自己的臉一陣熱，話卡在嘴邊不知怎麼接下去，於是他退了一步，走出升降機，跟她揮手道別。阿樂的視線一直沒離開她臉上浮起的笑意，直至升降機的門完全關上。

阿樂怔怔的站在升降機門前，覺得眼前的一切太不可思議，彷彿世界又回復了它該有的色彩。阿樂得意的笑着，哼着歌走到家門前，方想起自己遺漏了一件重要的事情！他立刻跑出天井走廊往上看，見到長髮女子正在走廊走着。

阿樂大喊了一聲：「喂！」隨即發現自己聲音太大，又左右觀看，生怕吵着其他住戶。

長髮女子往下看，見到站在天井的阿樂呼喚自己，一臉愕然。阿樂打開背囊，從袋裏拿出披肩，輕輕揮動。長髮女子看到那正是自己的披肩，驚喜地笑了起來，阿樂沒有多想，轉身跑到十九樓去。

阿樂不消一會便跑到她面前，可能因為太興奮的緣故，所以氣有點促，明明平日他跑三千米長跑後還是絲毫不喘氣的。阿樂極力保持笑容，伸手把披肩遞給她。長髮女子接過披肩，一臉甜蜜的說了聲謝謝。

二人一時無語，只站着笑看對方臉上的笑意，又回復剛才尷尬的氣氛。

「呀……你住一九二六？我住一八二六的。」阿樂右手指着她家的門牌，左手不知放到哪裏去方會自然。

「真的？」她又笑了笑，白淨的臉上忽然微現紅暈。

「嗯。」阿樂呆呆地看着她，覺得她美極，卻不知道自己的臉其實也紅起來了。

「下次再見，就別要大喊一聲『喂』了，你可以叫我欣欣。」欣欣一邊說，一邊小心地打開鐵閘的鎖。

「我叫李志樂，志氣的『志』，志樂的『樂』。」

阿樂其實心裏想說快樂的「樂」，不過太緊張了，說出來竟成了志樂的「樂」。

欣欣羞赧地笑了，進了屋，輕力地關上鐵閘。阿樂站在門口目送她進去，臉上仍是甜絲絲的笑着。這晚，直到阿樂在牀上入睡時，甜蜜的笑意一直沒有離開嘴角，他心裏暗暗相信，他跟欣欣還是可以再遇見。

6

阿樂在輕鐵月台坐着，不住看着月台的出入口，心情七上八下。這次他沒有把書帶在身上，他坐在月台只有一個目的，希望能遇上欣欣，跟她同走天橋，同走一段回家的路。

一列輕鐵駛進月台，大批乘客急着下車，阿樂緊張地張望着。人羣中有用普通話夾雜廣東話聊天的，有穿着筆挺西裝的，有背着孩子的書包用家鄉話跟印尼丈夫聊視訊的，有疲憊得不成樣子的，有一邊下車一邊罵着孩子眼睛沒離開手機的，更有不少是推着手推車，顫顫巍巍地走着每步路的。這個屋邨，確有很多獨居長者，他們寧可多坐幾個站到新墟街市買菜，也不願光顧屋邨的「領展」街市，只要能省着一分一毫，辛苦一點他們覺得是必要的。阿樂見到老人家們推手推車很辛苦，於心不忍，便替長者們把手推車送上行人天橋。到另一輛列車抵達，又急跑回月台去。

直到夜幕低垂，天空漸漸的黑，月台的人聲漸漸消失，阿樂也沒有等到欣欣的蹤影。阿樂心想，原來要遇上一個人也不是一件容易的事情，天時、地利、人和，缺一不可；難怪有人說，愛情這東西不是尋找便能得到，必須靜候緣份到來。阿樂雖然知道這句至理名言，心裏仍是不甘，經過行人天橋時，仍不時回望，盼能看到欣欣就在他身後不遠處。

走了十多分鐘的路程，他回到屋邨了。阿樂在天井的位置駐足往上看，看着一九二六的單位，那個欣欣居住和生活的地方。他留意到那個單位亮着燈，看來欣欣已經回到家裏，今晚要跟她見面似乎是不可能了。

回到家裏的阿樂，本來打算回覆姨母的電話，取消表舅父安排的飯局。突然，樓上傳來一下巨大的關門聲，本來已進屋的阿樂匆匆跑到走廊看個究竟。抬頭看，見到欣欣被趕出家門，兩手抓住鐵枝，倚着欄杆。她神情惶恐，臉色一陣青一陣白。

這時欣欣往下看，見到阿樂看着沒穿鞋子的自己，臉上流露尷尬的神色。阿樂做了個手勢，示意欣欣往十八樓去，欣欣來到梯間，看着阿樂，有點不好意思。阿樂想，夜已晚，一個女子呆站在走廊，始終會惹來旁人目光，便建議她到自己的家裏坐會兒，稍作休息。

屋裏沒開燈，只有從窗台透進屋內的光。欣欣在屋裏四周打量，樓上突然又傳來拋擲硬物的聲響。

「我爸每次飲酒後就會發酒癲。」欣欣輕聲説着。

阿樂留心聽着，忽然欣欣回頭看他，吐出一句：「你不喝酒的吧？」

「我不能喝酒的。」阿樂回道。

「千萬別喝！」欣欣搶着說。

她徐徐走到一個組合櫃前面，用手掃了一下漆黑的電視熒幕，輕聲說：「你不會大聲播放電視的吧？」

「我受不了太嘈雜的聲音。」

「把電視聲浪開得太大，人很容易暴躁。」

阿樂點點頭，表示認同。

欣欣蹲下身來，在組合櫃裏發現了一張ＥＰ，那是王菲 *Eyes on Me* 的單曲ＣＤ，她拿出來細細看着，發現背後還有 *Final Fantasy VIII* 的動畫封面。

「原來王菲有唱英文歌。」

「嗯，我好喜歡這首歌。」

欣欣再望望那張ＣＤ，對阿樂微微一笑，便把ＣＤ放回原處。阿樂不知道她的笑是什麼意思，只是覺得「eyes on me」好像意味着什麼，顯得有點不好意思。

欣欣抬頭看着屋裏的白色牆壁，上面掛着很多阿樂與母親的合照，都是他童年時拍下的相片。有他跟母親同喝着維他奶的情景，也有他坐在母親大腿上一同盪鞦韆的忘形大笑。

「你跟媽媽兩人住？」

「她上月剛過身了。」阿樂說話的聲音有點感觸。

欣欣感到自己好像說錯了什麼，一時不懂得接下去，抱歉地看着阿樂，然後走到他牀邊率性地坐在地上。她輕拍地面示意他坐在旁邊，阿樂有點靦腆，但還是坐在欣欣旁邊。房間昏暗，從街外透進來的光只足夠照亮欣欣的輪廓。她光着兩腳，屈曲膝頭坐着，阿樂不知道該說些什麼，只盯着牆上的掛鐘，不敢直視欣欣。

「你媽媽很疼愛你吧？」

「嗯。她說這個世界上，無人會像她那樣疼愛我。」

阿樂在欣欣眼裏看到她憐惜的目光，心裏感到一陣溫暖。二人默默坐着，樓上又傳來「呯、呯、呯」的巨響，欣欣的身體不由自主地蜷縮起來，像一隻蹲窩着的白兔子，生怕會給逮住一樣。阿樂感覺到欣欣的驚恐，身體往欣欣那邊稍稍靠近，不過兩個人始終保留一定距離。兩個同病相憐的人，就在這個黑暗來襲的夜裏，蜷曲着身體，默默陪伴對方。阿樂覺得生活再苦，也有甜的時候，兩個本不相干的人，竟可在長夜裏承擔彼此的哀傷。

7

等到淩晨，樓上再沒傳來拋擲硬物的聲響，阿樂想，應該是平靜了吧！於是他走到走廊去看，看到欣欣單位的燈已經關上，便打算送欣欣回家去。欣欣走到家門前，發現鐵閘和大門都沒有鎖上，便對阿樂做了個感謝手勢。阿樂把手提號碼告訴欣欣，着她有需要時可以找他幫忙，欣欣點頭示好。兩個人交換了電話號碼，欣欣逕自進屋，阿樂也回家去了。

經過一天一夜，阿樂都沒收到欣欣的訊息，心裏既擔心又緊張。他躺在牀上，輾轉反側，拿起電話，檢查手機是否已經順利連接家裏的 Wi-Fi，看到手機的顯示是「已連接」，訊號狀態良好，又把手機放下。阿樂想，到底要不要給欣欣發個訊息，或打個電話問候對方，便重新拿起手機來；但想了想，又怕自己的關心太過着跡，生怕會嚇壞對方，只好把手機放下，將焦點轉移到其他事物上。

家裏實在沒有什麼需要特別處理的，地掃過了，碗也洗好了，連垃圾也倒了好幾次。他站起來把水松板上的電話單及銀行賬單拆下來，整理好，重新釘在水松板上；又把手機裏不同死線的日期畫在掛牆的月曆上，再把書架上村上春樹的作品按着出版年分順序排好。完成了這一切無關重要的事務後，他的心還是找不到着落的地方。

他脫了拖鞋，一個人在家裏踱步，想着欣欣昨晚也是這樣在他的家，走過每塊微涼的地磚。屋裏很靜，靜得能聽到掛鐘秒針走動的聲音，和自個兒對話的聲音。突然，他聽到樓上有歌聲傳來，他走近窗邊細聽，發現播放的歌是*Eyes on Me*：

Whenever sang my songs, on the stage, on my own.
Whenever said my words, wishing they would be heard.
I saw you smiling at me, was it real or just my fantasy?
You'd always be there in the corner, of this tiny little bar...

阿樂站立在窗前，往上看，只能見到屋外的冷氣機槽，還有樓上單位往外伸出的晾衫竹枝。竹枝上的一件白色衞衣迎風吹盪着，那件衞衣，阿樂認得。

此時街上只有夜歸的途人，兩行昏黃的街燈直伸到馬路的盡頭，遠處有一個私人屋苑，扇扇窗戶亮着白熾燈，一盞燈火，代表一戶溫馨。阿樂看着對面萬家燈火，聽着樓上傳來的歌聲，心裏慢慢溫潤起來。歌聲極其空靈和纏綿，他知道欣欣是刻意播給自己聽。他一邊聽着歌，一邊會心微笑，隨着音色流轉，感覺到愛悄悄降臨在他身上。

8

人與人之間，可以透過音樂與歌聲連接；但心事與心事，卻只能透過一秒間的勇氣來打破。阿樂自從聽到欣欣給他播放的歌後，覺得兩個人似乎又靠近了一步，他鼓起勇氣，給欣欣發了個訊息，約她到屯門碼頭一間略有名氣的甜品店吃甜品。

欣欣這天顯然經過悉心打扮，她穿了一條麻質間條白裙子，配搭一件米色長外套，腳上一雙白皮鞋，顯得無比清純。阿樂看着自己一身運動服，開始擔心穿着太過隨意，不過欣欣並沒有上下打量他，眼睛裏總帶着笑意，這才讓他稍稍放心。他們進了甜品店，面對面坐着，點了甜品，便開始聊天。阿樂告訴欣欣他在學校任教體育，欣欣也告訴他自己的興趣，可能因為欣欣喜歡打羽毛球，他們找到很多相近的話題，間或阿樂也會談起村上春樹的小說。

這晚的時間過得很快，轉眼間店舖便要關門。阿樂付過賬，二人便走到車站，打算乘坐輕鐵回去。可能因為入夜的緣故，車上乘客不多，欣欣和阿樂很容易在車廂找到雙連的座位，肩並肩坐着，坐得很近，跟面對面坐着的時候，是不一樣的感覺。

輕鐵列車在天橋上拐彎駛過，極像漆黑宇宙中的銀河列車。欣欣的手搭放在座椅上，眼睛雖看着前方，卻像有萬千重心事；阿樂留意到欣欣白皙的手就放在他旁邊，也把手伸出來，安放在跟她的手極其接近的位置。其實列車只要拐一個大彎，欣欣側身靠近他，他就可以捉住欣欣的手不放；不過並沒有這樣的機會，阿樂仍是安安份份，兩隻手始終保持一分的距離，沒有觸碰對方。

他們下了車，來到一條行人隧道。或許是太晚了，隧道裏沒有人，可以見到長光管一支一支連接着，像時間長廊直伸到盡頭。隧道很寬闊，一邊是行人路，一邊是來回的單車徑，左右分成兩邊，中間隔着一排石柱。牆身拼貼了粉色瓷磚，不是一般灰色的水泥牆壁；粉色瓷磚在白光的陪襯下，更有一種夢幻感覺，彷彿專等有情人來到，深呼吸一口氣，把願望憋住，走到盡頭，願望就能成真一樣。

這時一列輕鐵在他們上方駛過，隧道裏留下很大的回聲，當回聲過後，隧道又再變得沉靜。

欣欣忽然停下腳步，轉身跟阿樂說：「你是否很受學生歡迎的？」

阿樂一呆，一時不好回應。

「我想，一定有很多女學生暗戀你！」欣欣接着說。

「他們是小學生而已。」緊張的阿樂故作輕鬆一笑。

「你……有女朋友嗎？」

「沒有，現在沒有，以前也沒有。」阿樂一臉認真地澄清。

「你這麼好，怎會沒女朋友呢？」

欣欣聽到阿樂的回應，心裏喜孜孜的，臉上煥發着光采。一轉身，便走到隧道的另一邊，阿樂木訥地跟着她走，來到另一邊卻看不見她的身影。就在一秒的瞬間，欣欣已在隧道轉了個彎，繞過柱子來到阿樂跟前，眼睛裏洋溢着無限柔情。欣欣看着阿樂，輕輕親吻了他的嘴唇，然後嘴裏好像含了塊糖果似的，甜甜地帶着笑意向前走。阿樂呆呆的站着，不懂得反應，但能感覺到欣欣在他唇上留下的溫度，一種幸福感慢慢爬上心窩，像無數糖果同時融化在他唇上一樣。他看着欣欣在隧道奔走的身影，在盡處留下光芒，他感覺到天時、地利、人和都齊備了，不用尋找，真愛真的會自然降臨！他甜絲絲的笑着，有情人的願望成真了。

這時，隧道上方又有一列輕鐵駛過，在隧道留下「叮叮」、「叮叮」的回響。這晚以後，阿樂和欣欣的幸福回憶，全是輕鐵駛過的節奏。

9

阿樂和欣欣開始形影不離，他們會逛街、逛公園、逛碼頭，跟許多情侶一樣會通電話、發訊息、靠在走廊聊天，過着相看兩不厭的日子。他們一起回家的時候，欣欣會抬頭看屋邨的大樹，然後指着高高的枝頭，告訴阿樂上面有雄鳥築了大大的鳥巢；阿樂看着，會在心裏勉勵自己，一定要努力工作，建立和欣欣將來的家。經過今天下午，阿樂卻對自己與欣欣將來一起成家的想法，有了動搖。

阿樂在家中翻箱倒籠，在牀底下找出一個紙箱。紙箱裏有不少舊物，有相簿、郵票簿、歷年的運動獎盃和獎牌。獎盃下壓着一個小盒子，盒子上的封面是經典卡通《魔神英雄傳》的圖案，他捧起這個盒子，打開它，在裏面找到幾本日記。他拿起其中一本，封面寫着「二〇〇五年」，翻開內頁，夾着一張「屯門醫院精神科」的覆診卡。覆診卡用透明膠套套着，雖然膠套已經發黃，但仍能清楚看到上面寫滿覆診的日期和時間。

阿樂看着，回憶起今天下午發生的事情。

他坐在「恩善會愛心服務處」的小禮堂內，那是由社工阿 Joe 主持的一個分享活動，讓一眾精神分裂症康復者透過小組的形式，分享生活經歷。所有參加者都是圍圈坐着，像老朋友一樣分享日常生活，說着說着，很自然地便提及自己感情的狀況。

「有一晚，我告訴她我曾經患上思覺失調，不過已經康復了。」禮堂內，所有參加者的眼睛同時看着 Alex，阿樂兩手合實，認真的聽着 Alex 的分享。

「她說我很傻，為什麼要隱瞞她，這麼遲才說出真相。可是那晚以後，她開始疏遠我，後來完全沒有接我的電話。」Alex 歎了口氣，臉上擠出一個笑容說：「像我們這類人，根本沒有資格拍拖。」

接着，另一位康復者 Susan 分享，「我們已經到了談婚論嫁的階段。」她神情凝重，咬緊牙根說：「我不會把我的病告訴他的！若有一天我病發，他不要我，就不要吧！」

接着，是阿樂的分享。「我最近交了女朋友，她對我很信任，我要對她坦白！你選擇了跟人家開始，怎可以隱瞞的呢？這樣對人家不公平啊！」阿樂斬釘截鐵的說。

阿樂回過神來，是的，一定要說出來，不能隱瞞的。他把舊物收拾好，便坐在電腦枱前，看着窗台上的「變形俠醫」，嚥下口水，在信紙上寫着：「欣欣，我有一件事一直瞞着你……」

阿樂的思緒又回到恩善會的小組分享活動上。當阿樂跟其他康復者分享了自己對愛情的想法後，大夥兒都流露着詫異的神色，好像阿樂正在做一件非常勇敢的事情。

阿Joe強調每個人的想法都是值得尊重的，沒有一個看法必然是對或是不對，大家只管放心說出來就好。就在大家繼續圍坐分享的時候，阿玲忽然走進禮堂，眾人都顯得萬分錯愕。

阿玲神情呆滯，雙眼有點腫，腳步蹣跚的走進圈內。阿Joe見狀，立刻讓出自己的木椅子讓阿玲坐下。阿玲看到許多熟悉的臉孔，一直積壓着的情緒就像崩堤的大水一樣，一下子全部釋放出來。她哭喊着說：「老公要跟我離婚！他說全世界都見到我脫光衣服，面子都給我敗光了！」

Susan扶着阿玲，讓阿玲坐下來。阿玲繼續說：「是隻鬼迫我的，隻鬼說要殺掉我媽！殺掉我媽！」

Susan看到哭得崩潰的阿玲，擁着她說：「這不是你的問題！是他不了解我們而已。」話畢，兩手一直緊緊抱住阿玲，安慰她。

其他參加者見狀，都靜默了。阿Joe拍拍阿玲的肩頭，好讓她能痛痛快快的大哭一場，把抑鬱釋放出來，疏導她的情緒。坐在對面的阿樂，呆呆的看着阿玲，好像一齣關於精神病康復者的預言電影，就在眼前放映一樣。不過這不是電影，而是阿玲真實的人生。阿樂看着，沉思，想到他跟欣欣將來的家，不懂得反應。

此刻坐在電腦枱前的阿樂把信寫好，在信封面端正的寫上收件人「欣欣」的名字。他把病史和種種病患的經過寫進去了，這是他對這份感情最大的尊重。不過，他並沒有把握，欣欣讀信以後的反應會如何。他凝望着信封，眼神極像早上看着阿玲時沉思的樣子。

10

阿樂獨自坐在輕鐵月台上，手上拿着那張「屯門醫院精神科」覆診卡及十四年前的日記。他已經決定好，要將昨晚寫好的信親手交給欣欣，縱使心裏不安忐忑，但也不能退避了。輕鐵的電子屏幕顯示，下一班列車將在八分鐘後抵達，於是他翻開了手上的日記閱讀。

翻了幾頁，他好像感覺到一雙眼睛在月台對面監視着他，令他非常不安。環視四周，卻不見人的蹤影，兩邊月台就只有他一人在候車。阿樂又低頭，繼續閱讀手上的日記，就像閱讀一個非常熟悉的故人的故事。

一列輕鐵駛至，阿樂猜想欣欣應該快要到了，便合上手上的日記，將它放進背囊內。他站起來，在月台上張望着。輕鐵車門打開，許多陌生的臉孔在他眼前躍出，卻沒有看見欣欣的身影。忽然阿樂聽到有聲音傳來。

「阿樂！」是欣欣輕喚他的名字。

阿樂隨即轉身，卻不見欣欣。正當他在猶疑自己是否幻聽之際，欣欣突然從他身後撲向他，一把抱住他。阿樂嚇了一驚。

「害怕什麼？是不是有什麼東西瞞着我？」欣欣甜絲絲的說着。

阿樂意會到那是情侶之間的逗趣把戲，於是笑着回道：「沒有啊！」

欣欣看見阿樂，立時成了連體嬰一樣，再不願分開。欣欣把羽毛球拍遞給阿樂，然後一手挽着他的臂彎，把頭顱枕在他肩頭上，高高興興的説着剛才搶救羽毛球時的驚險片段。阿樂看着欣欣帶笑的眼睛，之前思索好的説話又吞進肚裏去。欣欣不知道阿樂的心事，喋喋不休的説着，阿樂嘴角帶笑，不時疼惜地摸着欣欣微濕的頭髮。他心裏暗暗想，要是這條回家的路沒有盡頭，該有多好。

阿樂跟欣欣在屯門碼頭的海濱長廊走了一圈，直到天色向晚，海邊刮起涼風，阿樂便送欣欣回家。二人手牽着手由碼頭一直走到屋邨的走廊，當欣欣快要到達家門時，放開阿樂的手，不捨地説：「我今晚打電話給你。」

在欣欣轉身離開之際，阿樂一把拉住她的手，一臉認真地説：「有一件事我想告訴你！」

欣欣回頭看到阿樂神色凝重，面容肅穆，便收起笑顏。只見他放下背囊，打開拉鍊，從袋裏取出一本日記，然後兩手顫巍巍地把信遞給她。當她正要收下信件之時，沒料到父親突然打開鐵閘，從家裏走出來。

阿樂從沒想過會在這個情況下遇上欣欣的父親，但見他用猜疑的眼神看着自己，令阿樂每條神經都異常繃緊，好像所有秘密都在他面前一覽無遺。這個突如其來的驚嚇，一下子亂了阿樂的行動和心思，他急忙搶回欣欣手上的日記和信件，拋下一句：「我先回去了。」旋即跑向梯間，如同奔命似的。

不消幾秒，阿樂已在天井的走廊消失了。欣欣看着無人的走廊，一臉疑惑，直至回頭時發現父親攀着欄杆，嘴巴裏叼着香煙，細長的眼睛裏全是蔑視。

11

阿樂回到屋裏，整個腦袋都是亂糟糟的，心跳得厲害。他坐在地上重新調整呼吸，方能慢慢平靜過來。到意識回復清醒時，才驚覺自己是如斯害怕他人的眼光。欣欣選擇跟自己一起，她父親定必會反對吧！欣欣能承受父親的壓力和別人的眼光嗎？如果要欣欣背負着旁人的奇異眼光，這是他的自私嗎？要她餘生跟一個精神病康復者在一起，是她願意的嗎？此刻阿樂腦海裏浮現了 Alex 的話——像他們這類人或許真的沒資格談戀愛。

阿樂無力的坐在地上，極其沮喪。他拾起掉在地上的信件，如果他把信件扔掉，把真相隱瞞，或許他們便可以繼續交往下去；但見信封面上寫着欣欣的名字，想起欣欣對他總是信任，又不捨得欺瞞她。他從地上拾起日記和信件，把它們放到餐桌上，然後拖着兩腿，徐徐走到母親的房間，推開那度虛掩着的門，歪倒在母親的牀上。

母親離世三個月了，房間裏的東西沒有翻動過，一切都是原來的樣子。牀上有母親穿過的衣服，還有未曾摺疊的棉被。阿樂一頭埋進去，大力地呼吸屬於母親的氣味。吸着吸着，他喉嚨哽咽了，愈想愈害怕，他根本沒有信心欣欣可以像母親一樣無條件地接納他。

阿樂的眼睛模糊了，拿起母親生前放在牀頭的一張合照。相片中阿樂穿着大學畢業袍，母親抱着花束，在陽光下的母子倆，笑容比手上的向日葵更要燦爛。那是母親一生中最光榮的時刻，也是阿樂最快樂無憂的時刻。他放下手上的相片，身體瑟縮，微微顫抖。此刻他實在需要溫暖，他很想念母親，世界上無人會像母親一樣疼愛他。

阿樂躺在牀上，留有母親氣味的棉被已給他搓成一團，皺得不成形狀。他把臉埋在被窩裏，身體打了個寒噤，他覺得愛好像離他很遠、很遠。在涼風颯颯的晚上，阿樂就像荒原裏的一棵病樹，在黑暗中瑟瑟發抖，任風無情地搖落一地落葉。

12

縱使葉落滿地，樹木凋零，當日頭升起，病樹仍得把根紮進泥土，把枝葉伸向天空。鬧鐘響起，阿樂從母親的牀上爬起來，他感覺到渾身無力，身體內的力氣好像從四面八方流失了似的，心累了的確比生病更難治療！但見牀上放着跟母親的合照，相中他穿的正是教大教育系的畢業袍，他知道自己不能辜負母親，更不能背棄當初投身教育的理想。

回到校園，本來阿樂還是晃晃悠悠的，但聽到孩子們一聲聲喊他：「李Sir」，看到他們的臉蛋掛着天真的笑顏，便好像重新得到力量。阿樂向孩子們擠出一個笑容，吸了口氣，提醒自己要提起精神，必須讓孩子們過上充實的一天。來到體育課的尾聲，阿樂提早結束課堂，好讓孩子們享受自由活動的時間。孩子們聽後高興極了，紛紛在空中躍起，擺出一個勝利姿勢，然後在操場上爬爬跳跳，打球追逐，操場頓時熱鬧成嘉年華會一樣，歡聲笑語此起彼落。

阿樂在操場上推着鐵籠，打算把足球放回儲物櫃去。忽然耳邊傳來孩子喊他的聲音，他轉身，下意識回應了一聲：「怎麼了？」但環視四周，只見孩子們忘我地嬉戲玩樂，扭着屁股奔走，就是沒有看到有學生呼喊自己。他兩眼發直，眼睛睜大，渾身一緊，恍如一道電擊掠過他的頭頂，他站在原地不知所措。

回到教員室，他發現所有同事都圍着閉路電視觀看。從鏡頭看到校長正站在校門前安撫一個男人，那男人上身一件汗衫，下身一條束繩短褲包着脹鼓鼓的肚子，露出一對人字拖鞋，說話時比手劃腳，怎麼看都像一個老粗。但見校長態度恭謹，言談有禮，還不住微笑、點頭回應，跟平日判若兩人，惹得所有同事議論紛紛，圍着閉路電視在嗤笑。

阿樂看到鏡頭，驚訝得全身發熱，每下心跳如同實心的沙包砸地一樣，似乎心臟跳出來便回不了原來的位置。怎麼欣欣的父親會來學校？他跟校長打小報告嗎？要是校長知道他的病史，還會繼續聘任他嗎？校長會認為他的存在會危害學生的安全嗎？到底欣欣的父親是怎樣知道他的事情呢？許多問題在他腦裏打轉，忽然眼前的景象都變成萬花筒的碎片，切割、分離、不斷旋轉。

這時副校長經過，指着電視熒幕說：「是個傻子！說外邊水渠埋了炸彈，要接走五丁班的余世杰，余世杰已經畢業五年了！你說他是不是有病！」阿樂聽到副校長的話，抓住胸口，臉上強裝鎮定，提醒自己不要神經過敏，那個並不是欣欣的父親，不是欣欣的父親……

13

阿樂覺察到這兩天自己確是有點精神緊張，該是跟欣欣坦白的事令他感到很大壓力吧！看來事情不能再拖下去，他必須跟欣欣坦白，所以決定今天提早下班，然後跟她說清楚。

「昨晚的事不好意思！六點在月台等你，送你回家，好不？」阿樂給欣欣發了訊息。

阿樂幾次查看電話，都沒看到欣欣的回覆。他心裏納悶，便在月台上來回踱步，一邊走，一邊想欣欣到底怎麼了，會不會忘了帶電話，因此沒看到他的訊息？一列雙卡輕鐵駛進月台，大批乘客下車，阿樂左右張望，只見乘客在兩邊出口散去；到列車離開了，月台又剩下阿樂獨個兒在等候。不知怎的，阿樂覺得總是有一雙眼睛監視着自己，月台的廣播器、讀卡機都像藏着鏡頭和竊聽器，似乎《一九八四》裏無所不在的監控就在他眼前發生。

「請小心月台空隙，請勿靠近車門。嘟、嘟、嘟……」

月台傳來輕鐵的廣播。但同時，喇叭詭異地傳來欣欣父親的喝罵聲。

「不許找他！你敢開門出去，看我會不會把你的手打斷！他是神經病的，誰知道他何時會揮刀斬人？幹麼要黏着一個瘋子？你就是這麼犯賤嗎？」

黑暗一下子籠罩天空，一彎刀子似的鈎月隱藏在雲層裏，散發着陰颼颼的白煙，阿樂如同看見欣欣的父親手執鋼刀威脅欣欣的樣子。阿樂正要撲上去阻止之時，一列輕鐵忽然在月台前急促煞停，發出極其尖刺的聲音，那聲音銳利得好像出鞘的刀刃，在空氣中拖着長長的銀光，可以把他由上到下剖開，切成兩半。白刀子似的彎月在雲層中露出月牙，隱約照耀出月台前方晃動的細碎光影，那光影如同許多夜行動物的眼睛，盯着獵物；光影一再晃動，影子緩緩向前移動，看準時機便會猛撲下去攫住他。

阿樂的額頭冒出冷汗，廣播器又再響起怪異的聲響，磨刀霍霍，欣欣的父親在厲聲喝罵。接着又是一堆雜物倒下的聲響，阿樂驚恐得兩手掩着耳朵，跑向天橋，像遇見猛獸似的倉皇逃竄。天空愈發陰黑，月牙旁邊反常地出現了一道刀光似的虛影，兩彎月亮同時浮在天空，在雲層裏朦朧地浮出詭異的月光。

14

當阿樂在天橋倉皇奔走的時候，一把粗壯的喝罵聲劃破了屋邨的寧靜。那是來自一九二六室的聲音。

「早說過不要跟他一起！他是神經病的！你眼珠子長在屁股上嗎？竟黏着個神經病的？」欣欣的父親頭髮蓬亂，兩眼全是紅絲。

「不！我要去找他！」

「你敢？」欣欣的父親隨即在欣欣的臉上摑了一巴掌，留下清晰的掌印。

欣欣驚怕得兩手搗住臉，咿哩嚎啕的哭得厲害。

「全世界的男人死光了嗎？我早說過不要跟他在一起，你就是不聽！」

「不要！不要！不要打！」欣欣哀求着。

「硬要作賤自己！你是嫌我打你不夠嗎？叫你不要找他，你偏偏不聽！不打你，你就當成耳邊風嗎？」父親愈是吆喝，愈是火燒心頭，狂暴似乎壓不下去，頃刻就要爆發出來。

欣欣蜷曲着身體坐在地上，顯得更是瘦弱。她撫着紅腫的臉，喉頭發出呃呃的嗚咽，全身抖顫，揉亂了的頭髮覆蓋着眼角，怎也掩不住眼裏的驚慌。父親的眼珠子都凸出來了，左手掐住欣欣的脖子，右手執起鐵鎚子猛錘下去，一聲撕心裂肺的慘叫聲劃破長空。

阿樂驚醒，汗毛直豎，此時樓上又傳來一下緊接一下揮鎚的聲音。阿樂分不清那到底是夢還是現實，於是搬動房間的椅子，爬到櫃頂上面，把耳朵貼着天花，聽到的仍是欣欣淒厲的叫喊聲。他焦急了，想到欣欣的父親可能又發酒瘋，欣欣應該正被虐打！就在他想得心慌意亂之際，樓上忽然又傳來「砰」的一聲巨響，似是骨頭血肉被鐵鎚猛力一劈的聲音。阿樂一驚，失去平衡，應聲倒在地上。

阿樂感到極其不安，踏着一雙拖鞋便往樓上跑去，然後大力拍打欣欣的家門。

「欣欣、欣欣！開門呀！開門呀！」阿樂張大嘴巴在喊叫。

同層的住戶被阿樂驚動了，紛紛走到走廊看個究竟。阿樂沒有理會，繼續拍打欣欣的家門，不斷喊叫：「報警呀！報警呀！欣欣，開門呀！」

這時，欣欣的父親張着睡眼打開大門，只見阿樂不斷拍着鐵閘，似乎沒有停下來的意思。

「都什麼時候了？還在吵吵鬧鬧？吵死人了！不用睡覺的嗎？」欣欣的父親吆喝道。

「求你放過欣欣！跟她無關的，是我，都是我！」阿樂哀求道。

未幾，欣欣一臉疑惑地從睡房走出來，臉上沒有淚痕，也沒有被虐打過的痕跡。她看到阿樂驚惶失措的樣子，不由得喊他一聲：「阿樂！」

「欣欣！你讓我進來吧！我跟你的父親解釋清楚，好嗎？」阿樂一面喘着氣，一面大力搖晃鐵閘。

欣欣的父親顯得極不耐煩，開了鐵閘，一把將阿樂攆走。

「你給我們一次機會好嗎？」阿樂抱着欣欣父親的膀臂説。

「滾！給我滾！」他破開嗓門大聲罵道。

「我們是真心的！真的！我已經康復了！沒事的了！」阿樂在欣欣父親的衣領上亂抓亂撈，激動的解釋，他生怕錯過這次機會，欣欣就會被打致血肉模糊，他不能讓欣欣獨個兒承受危險。

「滾！別騷擾我們！滾！」説罷她父親又把阿樂攆出去。

欣欣父親是個身形肥碩、厚實的大漢，他見阿樂發狂似的騷擾他，又像蒼蠅一樣怎的也揮不走，實在不能不給他一點教訓。於是他一手揪住阿樂的脖子，把他按壓地上，揮了幾拳，便把他打得額頭開花。阿樂被揮了幾拳，橫躺在地，動彈不得，樣子極其痛苦。欣欣見狀，不知所措，不斷的哭喊着：「不要打他！不要打他！」隨即撲到阿樂身邊察看他的傷勢。

在走廊圍觀的人愈來愈多，甚至樓上也有人在欄邊駐足圍觀。

欣欣的父親撐着地面站起身來，向圍觀的人咆哮道：「看什麼看？是他先動手的！這傢伙是精神病的，騷擾我們！你們出入小心些，鎖好門呀！還看什麼？入屋吧！」說罷逕自往屋裏走去，嘴裏還是得勢不饒人的罵着。欣欣看着跌坐在地上的阿樂，心裏不忍，可惜父命難違，只好含着眼淚跟父親回到屋裏去。

欣欣父親把大門狠狠關上，在屋裏又罵了幾聲神經病之類的話。阿樂慢慢坐起身子，靠着鐵閘，消化眼前發生的事。圍觀的住戶逐漸散去，獨留下阿樂一人坐在走廊。他的眼睛坑下去了，眼圈發黑，兩手撐住地面，好像闖下了大禍一樣。忽然，他感覺到走廊盡處有一雙眼睛正在監察自己，回頭一看，竟見到另一個跟自己長着同一臉孔的人，在走廊的盡處跌坐地上，喘着氣，一臉惶恐的看着他。他驚恐得用手掩嘴巴，壓抑內心的驚慌，但眼睛卻一再看到另一個自己。他知道自己病發了，身體不由自主地抖顫起來。阿樂的臉色變青，兩片薄唇直是哆嗦發抖，他終於發現欣欣被虐打全是他的幻覺！

15

阿樂自從知道自己病發後，覺得胸口好像發了霉似的，霉菌在身體裏蔓生，由心臟一直滋長到四肢及身體各個部分，他整個人就是潮濕的角落，完全不能見光。他很懷疑眼前所見的事物，不知道什麼是真實，什麼是幻覺。他很怕自己會影響學校的工作，因此打了電話告假。校務處的同事得知他要告假顯得很是意外，畢竟這是阿樂入職以來第一次請病假。

阿樂坐在月台的候車椅子上，眼神充滿懷疑，就是一隻流浪狗越過輕鐵路軌，由行人天橋一邊走到工地那邊，這個極常見的畫面，他都懷疑那會不會是幻象。無助的他，就這樣徬徨地抱着背囊坐在長椅上。一列輕鐵駛進月台，欣欣下了車，在月台對面看到神情憂鬱的阿樂，雖是遠遠的看着，卻能感覺到他的哀傷，心裏也有說不出來的苦。

欣欣悄悄走近阿樂身邊，近看發現他額上貼着膠布，嘴角一塊瘀青，心裏難過得很，淚水一下子便湧上眼眶。阿樂抬頭看到欣欣，心裏又是驚喜，又是難過，一時不知道該怎麼告訴欣欣他病發的真相，同時又不知道該怎麼面對她。欣欣彷彿看到阿樂心底的擔憂，憐惜的看着阿樂，柔聲說：「我全部都知道了。」

阿樂聽到欣欣這句話，自是感動，但隨即又想到自己不能對欣欣承諾什麼，現在的自己更是配不上她，所以不敢回應。欣欣理解阿樂的掙扎，徐徐把手伸出來，緊握着他的手，如同告訴他即使他舊病復發，她也毫不介意。阿樂怎會相信病發的自己值得被愛？他定睛看着欣欣，一臉猜疑，只見欣欣的眼神充滿真摯，眼珠子澄清得沒夾雜一絲恐懼。阿樂看到欣欣這個眼神，覺得要是自己再猜疑下去，便對不起欣欣對他的情深了。

這時，一列輕鐵駛進月台，阿樂隱約從車窗的倒影看到月台的景象，他看到自己失意地抱着背包獨坐，長椅旁邊並沒有其他人！他當下呆住了，惶恐得不敢相信。他鬆開欣欣的手，他懷疑了。到底什麼是幻？什麼是真？他從玻璃車窗看到的是現實，還是眼前的欣欣才是現實？他完全無法分辨。他從袋裏取出電話，開啟電話的錄音程式，用抖顫的手按下錄音鍵，然後兩眼直盯着欣欣。

欣欣感覺到阿樂的驚恐，油亮的眼睛真摯地看着阿樂說：「無論你有病還是沒病，我都愛你！」

欣欣誓言似的告白，一字一句，阿樂都聽得清清楚楚！

阿樂的眼睛模糊了，掙扎着，最終還是把手機放到耳邊。按下了播放鍵，錄音裏只有自己大口大口地喘氣的聲音。他猛地掉下眼淚來。阿樂終於知道現實了，原來由始至終，欣欣都是他的幻覺！還有什麼比這個真相來得更殘忍？他用盡全身的力氣和意志，背向欣欣，想要避開眼前的幻覺。豈料欣欣一手從後抱住他，嗓子沙啞地哀求他說：「不要離開我！不要離開我！」

阿樂知道自己又病發了，實在不能沉溺下去，他倏地低下頭，狠心推開欣欣，站起身來。欣欣彷彿知道阿樂要離開似的，立時衝上前去，摟住他的脖子嗚咽的哭着，阿樂感覺到欣欣滾熱的面腮貼着他的背，比先前抱他的力度還要緊。

阿樂皺着眉頭，臉上極其痛苦。當他正想把欣欣第三次推開之際，腦海裏浮現的卻全是跟欣欣相處的甜蜜片段——欣欣跟他在隧道裏的初吻、兩人難捨難離在後樓梯抱緊、他們在樹底下一同看雄鳥為雌鳥建造鳥巢、欣欣倚着他肩膀聊天的無數夜晚、他為欣欣束馬尾時的幸福……段段回憶，都刻骨銘心。阿樂全身僵直了，他知道欣欣是幻象，連同他們經歷的一切都是他腦海裏想像出來的，但他確確實實的感覺到愛，感覺到滿足，感覺到「有情人終成眷屬」才是一輩子的幸福！他怎麼捨得跟眼前的一切割捨呢？

他，縱使知道眼前的欣欣是幻象，還是徹底投降了。阿樂伸出兩手，緊緊擁着欣欣單薄的身軀，欣欣也用力回抱着他。兩個人在無人的月台上互相抱住，淒啞的哭着，好像稍一分離，對方就會從此在自己的生命裏完全消失一樣。阿樂淚流披面，嘴巴一張一合，臉上的肌肉不受控地抽搐，他的哭聲是撕心裂肺的！

輕鐵徐徐駛進月台，又徐徐離開，在車窗的倒影裏，就只有阿樂站着垂淚。沒有人看得到阿樂眼裏的世界，只有他一個人知道——哪管是幻象，亦是深深的愛。

16

阿樂病發的事，很快便傳遍了整幢大廈。在鄰居眼裏，阿樂有時會不自覺地自言自語，或是在走廊喃喃唸唸，彷彿對着空氣説話一樣。鄰居看到他都會馬上關門進屋，或刻意繞路避開。後來有些住戶將阿樂的病況向管理處反映，擔心他會影響整幢大廈居民的安全，不過管理員收到投訴後，只表示這是無可奈可的事，只叫住戶自己小心提防，事情就不了了之。

最先發現阿樂出問題的，是恩善會愛心服務處的社工阿Joe。他見阿樂好幾次都推卻出席中心的活動，在電話對話時，感覺到阿樂的反應有些不尋常，便決定上門家訪。那天阿Joe來到阿樂的住所，阿樂一見到他便如同見鬼似的，倏地關上大門，死命守住門口不肯開門。後來阿Joe在管理處探問，方知阿樂幾星期前曾在走廊大吵大鬧，説樓上單位有人被虐打，阿Joe聽後覺得事態嚴重，於是報警求助。直至警察來到，阿樂方肯開門，阿Joe一進屋，他便哀求阿Joe不要將他和欣欣分開，哭得臉上涕淚縱橫。阿Joe推斷他病情不輕，馬上打電話叫了救護車，將阿樂送到醫院去。

進到醫院，醫生很快便翻查了阿樂的檔案，看了他的病歷後，安排他做評估，斷定是舊病復發，必須加藥。醫生決定即時讓阿樂住院，就這樣，阿樂開始接受治療，一進院便住了一個多月。

因為有藥物控制的緣故，漸漸地，他已經很少看到欣欣了。吃了藥的他反應比較遲緩，感覺也沒有先前的敏感，所以即使欣欣慢慢消失，他心窩漸漸也不再覺得痛。阿樂不能無緣無故向學校告一個多月病假，最終他還是坦白告訴校長，自己患了精神分裂症。校長聽到後，表面上沒有太大反應，勸他多加休息，不必趕着回校工作。阿樂實在老實又善良，擔心自己的病情會連累到學校的日常運作，主動辭掉教職。校長心裏暗地歡喜，很快便請了新老師代替阿樂的教學職務。至於阿樂的個人物品，一直寄存在校務處。

出院後半年，他已經回復正常人一樣的生活，會吃會喝、會做簡單的運動、會閱讀，時而還會看足球賽事，就是不能接受太嘈吵的聲音。醫生説，只要他不受壓力，按時吃藥，應該就沒大問題了。雖然醫生説沒大問題，不過，每次外出的時候，阿樂難免會惹來鄰居的側目。他開始戴着口罩外出，覺得這樣不會有太多人認得自己，心理上會好過一點。

這天阿樂起來，覺得自己精神好多了，打算到學校取回個人物品。他想自己的雜物放在校務處半年，終究令校務處職員不方便。恰好這天是週末，學校裏的人不多，正是回去的好時機。取回個人物品後，剛好可以出席恩善會愛心服務處的活動，看來今天將會非常充實。

他整理好背包，小心翼翼的關上門，慢慢走到升降機大堂。走着的時候，樓梯那邊傳來小孩的哭聲，起初他以為自己幻聽，沒有加以理會，但走不了幾步，發覺孩子的哭聲愈來愈大，阿樂忍不住拿出手機錄音，一回播，發現真是孩子的哭泣聲。

阿樂走到梯間去看，沒看到孩子的身影，不過哭聲卻沒有止住。忽然，一個乒乓球從樓梯一級一級彈跳下來，「篤、篤、篤」幾聲後，便跳到阿樂腳邊。阿樂彎下身把乒乓球拾起，走上樓梯一看，在轉角處發現一個不到五歲的小男孩正拿着乒乓球拍，坐在地上痛哭。他的膝蓋擦傷了，皮被磨掉，露出粉紅白的肉。阿樂見狀，立時放下背包，從袋裏取出水瓶，替他用水沖洗傷口。

「你的媽媽呢？」阿樂柔聲問。

那孩子沒有回應阿樂，只用手揉着眼睛哭着。這時，阿樂聽到身後有一把沙啞的聲音，似乎在找孫兒。阿樂轉身一看，看到一個背部微微佝僂的婆婆，婆婆見到他正為自己的孫子清洗傷口，驚惶得不敢作聲，站得遠遠的。婆婆不住揚手示意孫子回來自己身邊，可是孫子看了看婆婆，仍然坐在地上哭，不懂得反應，始終沒向前走。阿樂見狀，唯有扶起孩子，拖着他回到婆婆身邊。

「他跌倒了，傷口流血呢！」阿樂向婆婆解釋。

婆婆看着阿樂，臉色一陣青，不敢回應。阿樂顯得有點無奈，只好轉身離開。走了幾步，才發現自己手上仍拿着乒乓球，他本想把球還給孩子，但婆婆已經急忙拖着孫子離開了。孩子一邊走，一邊回頭用水靈靈的眼睛盯着他，阿樂很想脫下口罩給孩子一個淺笑，但他終究沒有，便輕輕揮手跟孩子說再見。

孩子的身影在走廊消失，他便離開梯間，乘坐升降機，走出大廈，往輕鐵月台的方向走去。在輕鐵上，他翻開新買回來的那本有關精神分裂症理論的書，但書中都是一些老掉牙的論點，例如提到精神分裂症是由於多巴胺功能亢進造成，當多巴胺分泌太多，腦部接收過多訊息，便會產生幻覺；只要透過服食藥物，便可阻斷邊緣系統的D2受體，從而令幻覺消失。阿樂靠着車窗揉了揉太陽穴，看來很困惑，這些精神科的專業知識他已經接觸很多，就是醫生診症的時候也會向他講解，可是這些客觀的知識根本無法令他釋懷。他跟欣欣的每段經歷都是刻骨銘心，明明他經歷的比書上記錄的知識還要真實，他又怎麼說服自己只要阻斷邊緣系統的D2受體，他跟欣欣之間就能像粉筆字給抹去後一樣不留痕跡呢？

於是他把書放下來，低下頭閉目沉思。到他抬頭時，竟在後面的車廂看到欣欣。自從他按時吃藥以後，確是很少看到欣欣的了！此際，欣欣抓住扶手，看了看手機，然後抬頭看着輕鐵路線圖。阿樂遠遠看着她的側臉，他比之前更是困惑，他很清楚知道那是多巴胺太多而出現的雜訊，但內心的確還會因她而翻起漣漪。阿樂沒有說話，也沒有上前打擾，似乎很知道應該怎樣跟幻象相處，那就是保持距離就好。直到下了車，他都沒有靠向欣欣，只是遠遠望着，直至欣欣在他的視線盡頭消失。那時候的他並不知道，看着地圖找路的人並不是欣欣，而是葉嵐的身影。

葉嵐

1

輕鐵路線圖應該是港鐵最複雜的一張地圖了。從屯門碼頭連接到元朗，共有十八條行車路線，全線分了六個收費區，其中第四區、五A區和第五區是並列放在一起，葉嵐還未弄清楚，其實那是什麼意思。葉嵐要到的地方，沒有一條輕鐵路線可以直接到達，她必須找到合適的轉車站，轉換另一班列車。葉嵐在九龍區長大，從來都是乘坐小巴出入，最近才搬到屯門居住，因此還未熟習輕鐵的路線，不得不看着地圖細細研究了。要是錯過了轉車站，就要花雙倍時間折返，才能到達要去的地方，葉嵐從不做這樣的蠢事，她總是把所有事情、連同自己的人生計劃得有條不紊，絕不容自己走冤枉路。

今天是她第一次到恩善會愛心服務處向會員介紹她的研究計劃。與會員見面前，社工阿Joe約她早點到服務處，好作準備。其實葉嵐事前已經跟阿Joe見了三次面，跟他講解研究計劃的目的，自己會如何運用心理學支援恩善會的輔導工作，希望透過輔導幫助有需要的人，同時希望能為自己的畢業論文找到合適的個案。阿Joe起初對葉嵐的輔導計劃不感興趣，因為恩善會從來沒接受在學的心理學研究生來實習，生怕未畢業的輔導員在處理個案時，因手法未成熟而令會員受到刺激或影響，畢竟輔導精神病康復者的工作必須小心處理。但葉嵐沒有放棄，先後約阿Joe三次見面，最終阿Joe被她的真誠打動，答應了她。

這個早上，阿Joe相約葉嵐在開組前的三小時先到中心，好讓他可以向葉嵐逐一介紹中心復康小組的會員。阿Joe先把組員的名單列印出來，旁邊附有組員的相片，他將組員的性情、特質一一告訴葉嵐，還提醒她在跟組員交流時必須注意的事情。阿Joe講解的時候細心又殷勤，葉嵐不時點頭摘錄要點，不時撥開長髮，拿着鋼筆在自己細白的頸項上撩撥着。

來到下午，各個組員先後來到，阿Joe便領他們進到小禮堂，請他們圍圈坐在木椅子上。阿Joe在活動前，先向組員介紹葉嵐是香港大學心理學系的研究生，正在進行一項精神分析的研究，然後拍了拍葉嵐的肩膊，既是給她打氣，又是暗示把餘下的時間交給她。

説罷，阿Joe走向窗邊，把簾子拉開，陽光透過窗子灑進禮堂，令禮堂有一種溫暖的感覺，大家也能看清楚葉嵐的臉孔。當她正要介紹計劃時，許多組員都異口同聲在座位上說：「姑娘好漂亮啊！」惹得大家也互相討論，對她讚美一番。葉嵐聽到後，輕輕微笑，旋即開始她的簡介。

「謝謝剛才各位組員的讚美，讓我感覺到大家的熱情！首先，感謝大家這個下午願意到來，聽我介紹這個計劃。為了更全面地了解你們的狀況，願意參加這次研究的朋友，我將會為大家提供免費輔導，而我將會用部分輔導內容作為撰寫論文的資料。不過你們可以放心，所有參加者的個人資料，包括姓名、年齡都會保密，他日論文完成，絕對沒有人會知道你們的真實身分。」

正說話的時候，一個身穿運動服的年輕男子走進禮堂，他的身材高大，只是身形略為瘦削，可能因為長期服藥的緣故，臉上帶有疲態。阿Joe見到他推門進來，連忙走到他身邊，給他安排了一個座位。葉嵐發現，那個男子直愣愣地瞧着她，到坐下來時更刻意低頭不看她。不過，她始終對他保持友善的態度，向他點頭微笑，以親切的眼神回看他。

當那個男子坐下來後，便向旁邊的組員問了幾句說話，接着斜着眼睛看了她幾眼，拿出手機，開啟了錄音功能。葉嵐並沒有表現得太過驚奇，她始終保持專業的形象，繼續跟其他組員保持眼神接觸。

「雖然這個計劃是一個學術研究，但我希望，透過輔導，可以跟大家一同面對你們的困難，共同找出解決的方法。最重要是，讓大家感覺到被關懷、被接納，知道你們並不孤單。」

此時，面前的男子把手機放到耳邊，重播剛才的錄音，雖然聲量很小，但葉嵐卻能聽到錄音的內容，正是她的聲音。葉嵐看着那男子，繼續微笑，但見他一臉狐疑，大口大口地喘着氣。突然，他站起來，晃晃悠悠地走向自己。圍坐着的組員連同阿Joe都看着他，不明白他的動機，一時間沒有人上前制止。葉嵐保持鎮定，打算繼續說下去，但明顯已經不能專心。

「如果你們願意參加，可以……跟我，不，是跟阿Joe報名……」

不消幾秒，那個男子已走到葉嵐面前，嘴唇顫動。他慢慢伸出手來，眼神裏盡是憂傷，葉嵐不禁想，難道他想摸自己的臉？他會不會要確認些什麼？葉嵐緊張起來，抿了一下嘴唇，睜大眼睛看着他！她大可以將身體往後靠，或站起來避開他，但今天是她第一次來到服務處跟組員見面，實在不能破壞自己的專業形象，於是她靈機一動，伸出手來，握住他的手，如同跟他初次見面打招呼一樣。

在旁邊的阿Joe跟葉嵐交換了一個眼神，便搭着那個男子的肩膀，想把他帶離小禮堂。葉嵐輕輕掙脫了手，但見那個男子的眼睛沒有離開自己的臉孔。這突如其來的小插曲，打亂了葉嵐的節奏，但簡介必須繼續進行，她只好裝作鎮定，解說下去。「大家可以慢慢看，如有問題也可以隨時發問的。」

當組員在填寫參加計劃的意願表時，葉嵐不時望向小禮堂門外，從玻璃門見到那個男子給阿Joe勸導時，一臉迷惘，好像遇到很大刺激似的。她翻開手上的康復者名單，看到那個男子名叫李志樂，簡稱「阿樂」。

2

當葉嵐離開小禮堂時，阿玲站起身來，主動拉着葉嵐說她很眼熟，然後定睛看着她，過了片刻，便記起葉嵐是那天在街頭幫過自己的人。經阿玲這麼說，葉嵐方記起當晚保護阿玲的事，想不到竟在這裏跟她重遇。阿玲熱情地拉着葉嵐的手，懇切地答謝她。葉嵐其實一直很怕跟陌生人有身體接觸，就連外婆也很少會抱她、撫摸她，知心的朋友當然也有幾個，但就是沒有親密得要勾肩搭背的。所以當阿玲拉着她時，她的笑容很是生硬。不過，她也試着裝出友善的樣子，客氣地說：「不必答謝啊！只是舉手之勞而已。」

本來在辦公室門口跟阿樂說話的阿Joe，看到葉嵐出來，便中斷跟阿樂的談話，轉身問她：「組員反應怎樣？」葉嵐告訴阿Joe有幾個組員答應了接受輔導，還簽了協議書。阿樂站在旁邊，聽到葉嵐說怎的也要請阿Joe吃飯答謝他的幫忙，覺得自己好像在竊聽人家的秘密一樣，顯得不好意思，於是跟阿Joe說：「我有點不舒服，想先回去。」阿Joe見阿樂低着頭，似是有什麼難言之隱，一時三刻也吐不出什麼來，便着他先回去好好休息。

葉嵐見阿樂要離開，本想跟他說聲再見，以示友好，但阿樂總是不看她，只揪着背包急地離開。阿Joe見組員已相繼離開，既然葉嵐說要答謝自己，便借機問她：「要不要多留一會？我跟你介紹中心的設備和借用房間的手續……附近有一間咖啡室的咖啡挺好的。」

葉嵐卻忽然記起一些什麼，便提起手袋，一邊把協議書放進袋裹，一邊說：「好呀！下次！今天我趕着回港大上課啊！」葉嵐看着阿Joe的臉，似是有點失望。阿Joe擠出笑容，點了點頭，跟她說：「好吧！下次！反正不急，之後合作的機會可多着，對吧？」

葉嵐給阿Joe留下一抹笑容，旋即爬到梯間去了。那是一條迴旋樓梯，葉嵐往下看便能看到阿樂的身影，她急地追上前去，走在阿樂跟前，轉身問他：「我們之前是否見過面？」

阿樂只是搖頭否認，又繼續低下頭向前走。

葉嵐看着覺得很眼熟，於是又跑上前追問：「那天你也有一起幫助阿玲，對嗎？」

阿樂當下怔住，不懂得反應。

「當晚趕走偷拍阿玲的人，就是你！」

阿樂抓住欄杆，身子往後退，葉嵐覺得他的臉色不對勁，便問：「你沒事吧？要不要陪你回去？」但見阿樂神情驚慌，拋下一句：「不必了。」便轉身跑回恩善會去。葉嵐總覺得自己沒有認錯，便在手機搜尋阿玲的新聞，果真在一則〈大媽當街脱衣　懷疑精神病發〉的新聞中，看到阿玲被帶上救護車時，阿樂就在阿玲身邊。葉嵐看着新聞圖片沉思，覺得這個人今天接二連三的奇怪反應，好像藏着什麼秘密似的。

3

葉嵐今天很早便開始裝身打扮。她穿了一件黑色薄紗恤衫，一條高腰白西褲，在臉上塗了一層薄粉，兩頰加上淡胭脂，在鏡子前反覆端詳，看起來精神很是飽滿。她比預定時間早了出門，預留多一點時間在交通上，因為今天她實在不容有失！

在長途巴士上，她反覆背誦預備好的講章，當巴士經過屯門公路駛向青馬大橋，海天一色的蔚藍在她眼前延伸時，她才放下手上的資料，定睛看着橋上的風光。她並未適應在屯門的生活，無論到哪裏，都必須花上大量的交通時間。她常常想，只要畢業後成功當上臨牀心理學家，她就不必為省下租金而搬到偏遠的地方。屯門那間房子，是外婆的好姊妹萍姐讓給她住的。自婆婆離世後，舅父一家三口便搬回舊居，葉嵐這麼多年來跟舅父並沒什麼交往，要是跟他一家一起生活，她實在不願意。恰好萍姐有一個多出的物業，知道葉嵐的窘境很同情她，便以一個非常相宜的價錢把房子租給葉嵐。葉嵐想，只要兩年，兩年後她當上臨牀心理學家，便能把房子還給萍姐了。所以今天的她必須非常努力，努力地向目標邁進！

由於不是繁忙時段，路面很暢順，過海巴士穿過西區海底隧道後，很快便來到上環。登上小巴之後，瞬間就到達香港大學了。她看看手錶，發現自己比預定時間提早了一小時，這樣很好，她可以先到演講廳去，好作準備。今天的簡報會，除了她的論文指導老師心理學系主任 Dr. Fung 外，還有其他教授在場，畢業論文題目能否通過，得看 Dr. Fung 是否批准了。她小心翼翼地在講台準備，幾個研究生相繼進場，葉嵐看了看觀眾席，沒看到 Rex，鬆了一口氣。

沒多久，學系副主任 Dr. Simon 與幾位學系教授也到了，他們坐在演講廳的兩邊，刻意把中心的位置留給 Dr. Fung。Dr. Fung 是本地名氣很大的臨牀心理學家，家學淵博，父親更是港大醫學院的醫學顧問，同行人見到她總會敬她幾分。Dr. Fung 將近六十歲，但樣子不顯老，眼睛炯炯有神，常架着一副金絲眼鏡，頭髮梳得妥貼，走路時一雙高跟鞋噠噠噠的踩得發響，很有壓場的氣勢。她待你好的時候可以跟你談笑風生，但罵人的時候可以完全不看情面，不會給人留下台階。由於她是心理學的權威，又是學系的話事人，大家都在背地裏喊她「老佛爺」，從來沒有人敢違抗她的意思。

葉嵐未見 Dr. Fung 的身影，已經在大門位置聽到一陣高跟鞋聲。Dr. Fung 一走進演講室，其他教授跟同學都立即停止說話，安靜下來。Dr. Simon 一看到她，便朝她搖搖手打個招呼。Dr. Fung 微微一笑，但頭也不回一下，直走到演講廳中心的座席坐下。葉嵐站在講台前，腰板挺直，眼睛一直看着 Dr. Fung，直至 Dr. Fung 戴上眼鏡後，給她點一點頭，葉嵐才將預備好的簡報透過投影機展示出來，跟一眾教授介紹自己的論文。

「情愛妄想，Erotomania 是 Schizophrenia 其中一種症狀，患者會跟幻想出來的人談戀愛，甚或會覺得被某個人暗戀。戀愛對象有時是名人，有時是明星或上司。曾經有一個案例，在同一間醫院，兩個女病人同時聲稱自己是劉德華的太太。兩個劉太每天就在病房爭吵……」

葉嵐自信滿滿的解說着，一提到兩個劉德華太太便引來會場一陣哄笑。她偷偷看了看 Dr. Fung，她只低頭寫筆記，完全沒有要看她的意思，倒是 Dr. Simon 遠遠給她一個鼓勵的微笑。

葉嵐繼續說：「很多人在研究情愛妄想時，都集中在藥物治療及生理層面，我嘗試重新引用榮格的觀點，幻覺會否其實跟夢一樣，都有其背後的心理因素。透過輔導個案，我想了解患者的妄想、幻覺，跟他戀愛以至性經驗的關係。最終，我想研究的是，缺乏愛會否才是情愛妄想出現的最關鍵病源？」

葉嵐進一步解釋，榮格認為夢有其「補償功能」，將人在日常生活壓抑了的情感、意識，透過意象或某些畫面呈現出來，令腦海中潛意識部分浮現，讓我們看見另一個平常體會不到的自己。生理上，妄想以及幻覺雖然是由多巴胺分泌過多造成，但這卻解釋不了為何不同患者會產生不同妄想及幻覺？榮格對夢的理解能否也運用到妄想與幻覺之上？妄想及幻覺的內容會否透視出患者心靈更深層的需要？當心靈的需要被辨識甚至得到滿足，又會否反過來令病徵得到舒緩？這就是她的論文嘗試探討的問題。

葉嵐的簡報完成後，在場的人紛紛拍掌，她輕輕跟一眾教授點頭道謝，然後戰戰兢兢地等待教授們就她的論文題目作出質詢。演講廳內沒有教授發言，大家都觀望Dr. Fung的反應。葉嵐站在講台上，心裏像有一塊石頭懸在半空，投影機的光直打到她的臉上，Dr. Fung的神情她看得清清楚楚。

Dr. Fung一直低頭寫筆記，神情嚴肅，本來滿有自信的她，看到Dr. Fung的眉頭一皺便開始擔心起來。整個演講廳鴉雀無聲，只有Dr. Fung揮筆疾書的聲音，到她放下筆來，除下眼鏡，徐徐抬頭望向葉嵐時，那銳利的目光活像刺中她論文題目的問題核心，直教葉嵐的背上冷汗直冒。

「你找到相關案例了嗎？」Dr. Fung斬釘截鐵的問，說話不帶一點尾音。

「我之前到訪過恩善會愛心服務處，有一個社工答應轉介中心的康復者給我研究。」葉嵐像中學生跟訓導主任回話似的答道。

「你還未明白我問你什麼！平時你的理解能力沒這麼差吧！Rex，你替我給她解釋！」Dr. Fung的眼神比先前更淩厲，又追逼了一句。

「Rex 還未到呢！」坐在後排一個研究生不好意思的答道。

Dr. Fung 的臉馬上黑如鍋底，演講廳內誰也不敢作聲。這時 Dr. Simon 似是為葉嵐解圍說：「我想 Dr. Fung 的意思是，你找到一個符合論文題目的個案沒有，即是你手上有患上情愛妄想症的真實案例嗎？」

葉嵐一臉焦灼的說：「還沒有，不過我……」

「我做了CP三十多年，[註] 見過的精神病人過千，Erotomania 的患者一年都未必有一個。你明年便要交畢業論文，你打算花多少時間找合適的案例？你這題目我不會批准通過。你找到案例再說吧！」Dr. Fung 板起臉孔，眼睛再沒多看葉嵐一眼，隨即收拾東西離開。這次簡介會泡湯了，葉嵐不自覺地咬着牙根，兩手握着拳頭。其他教授見 Dr. Fung 離場，都不敢作聲，紛紛跟在她身後一同離開演講廳。

這時門開了，Rex 衝進演講廳。Rex 是心理學系的博士生，亦是 Dr. Fung 的教學助理，成績優秀，深得 Dr. Fung 喜愛，平常在課堂上若同學們有不懂的地方，都是向他請教，他也很樂意指導同學。這時 Rex 狼狽地衝進來，正好撞着剛出門的 Dr. Fung。他跟 Dr. Fung 急忙道歉：「Sorry，我遲到了！」Dr. Fung 的眼睛沒抬一下，提着公事包便昂首離開。Rex 一臉沮喪，同場的研究生跟他點點頭，相繼越過他離開教室。

葉嵐站在講台上，臉上如同蒙了一層灰一樣。沒了，這次論文題目不通過，那意味着她這年的功夫都白費了，所有東西都還原基本，她又得從零開始，重新找理論來研究。但一時三刻，她實在毫無頭緒，又能從哪裏開始？

Dr. Simon 如同感應到她的迷惘，走近葉嵐身邊說：「我替你問一下我的ＣＰ朋友，看看有沒有合適的案例吧！」Dr. Simon 的慰問，雖說是出於一個教授對學生的關心，但在葉嵐迷亂的當下，這句話真是最溫柔動人的安慰！更何況 Dr. Simon 是學系的副主任，他的話更具有分量。

葉嵐跟 Dr. Simon 輕聲道謝，跟他交換了一個眼神後，便低頭收拾東西。到眾人都離開，葉嵐看到 Rex 站在她跟前，這才注意到 Rex 沒有整理頭髮，衣衫沒有熨好，跟之前打扮講究、自信滿滿的他判若兩人。Rex 開口說：「我昨晚又失眠了！」

葉嵐不理會他，提起公事包打算往門口直走。豈料 Rex 捉着她的手說：「你不是說我們將來一起開輔導中心的嗎？」

葉嵐的心情本來已經很煩亂，現在又給 Rex 纏着，心情更覺爛透。她冷冷地推開 Rex 的手說：「把我家的鎖匙還給我，好嗎？」

註：ＣＰ（Clinical Psychologist），臨牀心理學家的簡稱。

「兩個月而已，就這樣結束嗎？」Rex 苦着臉説。

「總之感覺沒了就沒了。」葉嵐沒等他答腔，逕自把手伸出來，眼睛直盯着遠方。

「到底這條鎖匙你給過多少男人？」Rex 反擊。

葉嵐不是不能認真看待感情，只是感情這東西，要結束的時候誰也沒法阻攔；要是沒能力留着女人的心，這又能怪誰？被甩了，便一副孩子哭鬧的嘴臉，這畫面也太難看了吧！葉嵐嘴巴一扁，斜着眼睛看着 Rex，真想不起自己當初怎會愛上這個沒風度的傢伙！虧他昔日還自詡是「老佛爺」最得意的門生，如今在她眼底下，他不過是一頭受傷的野獸，明明已經奄奄一息，還要咬着獵物不放，妄想可以垂死掙扎，挽回劣勢，實在太沒有自知之明了！

葉嵐愈想，愈是不想跟眼前這個可憐人糾纏，臉上浮起一抹不屑的笑容，從 Rex 手中取回鎖匙，吁了一口氣，便踏着闊步離開。

走不了幾步，她便看到 Dr. Simon 正離開教學大樓，看樣子他應該是往露天停車場取車了。葉嵐看到他，就像在茫茫大海裏看到救生圈似的，她急地追上前，叫了一聲：「Simon！」

Dr. Simon 停下腳步，等葉嵐跑上來。葉嵐一臉憂愁的問：「你覺得⋯⋯我是否應該轉題目？」

「多等一會兒再決定，不必急！我剛剛問了我那些做CP的朋友，待他們回覆後，便知道行不行了！」說着說着，Dr. Simon看着手機，搖搖頭，歎了口氣。「唉，我的研究助理突然辭職，之前他負責的研究數據弄得一團糟，害得我真慘！」

「我可以幫忙啊！」

「你好像沒有做過定量研究的，怎可能應付得來？」

「我有讀過相關課程，可以試試啊！」

「嗯，我再想想。改天再談吧！」

葉嵐見Dr. Simon語氣冷淡起來，也不敢再說下去。她站在原地，看着Dr. Simon取車，司機座位的門打開了，他準備坐到駕駛座上駕車離開。葉嵐心情如同看着獵物快將逃走一樣，心想：賺取外快還是其次，若能成為Dr. Simon的研究助理，爭取他的信任，這肯定對她的前途有利無害；何況，現在論文遇到阻滯，更是需要他的幫忙。於是，葉嵐忽然彎下身來，扶着身旁的鐵欄杆，全身無力似的喊了他一聲：「Simon」，Dr. Simon回頭一看，看到葉嵐快要暈倒的樣子，連忙跑回她身邊扶着她。

「你沒事吧？」

「頭很暈，最近都是這樣。你先走吧，我坐的士回家就行了。」

「不好！還是我載你回去吧！」

Dr. Simon 扶着葉嵐，葉嵐把身體倒在 Dr. Simon 懷裏。Dr. Simon 顯得有點錯愕，連忙張望四周，不過仍設法把葉嵐送到車子上。坐在車上的葉嵐，前額挨着車窗，心裏盤算，自己活了這麼多年，男人的心理她最懂，怎麼看 Dr. Simon 都不像一個徹徹底底的老實人，美色當前，大概也沒有抵擋的能耐吧！當 Dr. Simon 把葉嵐送到家裏時，她的頭還是枕在他的肩頭上，及至她整個人攤倒在牀，一把圈住他的脖子時，她確確切切地驗證到，Dr. Simon 的心其實也是奇癢難耐。

4

自從跟 Simon 發生關係以後，葉嵐的心便踏實起來了。她相信靠着他的人脈，總會給她找到合適的案例。於是這天，她又回到恩善會愛心服務處，跟組員做輔導，聽他們的故事，希望可以兩條腿並走，儘快找到患有情愛妄想症的個案。當然，即或最後真的找不到個案，她相信憑着跟 Simon 的關係，他定會替她另想出一個論文題目。

葉嵐跟 Susan 完成了首次輔導，發現 Susan 並不是她要找的對象，略感失望。不過，她沒有因而不盡力，相反，她希望能助 Susan 走出陰霾，因為這是她的專業，純粹功利的計算不會令她成為出色的臨牀心理學家。Susan 跟葉嵐分享後，好像開懷了一點，臉上重現笑顏，葉嵐見到，心裏也覺得自己做了一件美事，這也是她修讀心理學的初衷。在她送 Susan 離開服務處時，恰巧碰到阿樂推門而進。今天的他似乎跟之前有點不一樣，他沒有迴避她的眼光，精神也沒之前的恍惚。當她正要跟阿樂打招呼的時候，阿樂竟主動問她：「如果我現在才參加研究，還可以嗎？」

葉嵐聽到後有點愕然，但很快便展露笑容，親切的回應：「可以，當然可以。」

葉嵐今天沒有其他個案要處理，便讓阿樂直接進到輔導室去，兩個人面對面坐着。阿樂坐在沙發椅上，和葉嵐中間隔着茶几，茶几上放着一盆小盆栽和圓形時鐘。

葉嵐看出阿樂有點緊張，雙手分開，握着拳頭放在大腿上。首次輔導的人需要先填寫一份很詳細的表格，葉嵐按着阿樂填寫的內容，跟他打開話題，希望從生活各樣聊起，慢慢進入輔導的部分。

「你剛找到新工作，適應得怎樣？」葉嵐問。

「還不錯。」

「那麼跟同事的關係呢？你們相處還好嗎？」

「沒有大問題啊！同事待我很好。」葉嵐的直覺沒錯，阿樂不是個健談的人，回答都是點到即止。

葉嵐慢慢拿起放在茶几上的表格，看了看，便想到怎麼打開話題。

「你好像常常失眠，還會做夢啊！」

「是啊！」

「最經常夢見什麼？」

阿樂猶疑了幾秒，隨即便說：「印象很模糊。其實吃了安眠藥就能睡，問題不大。」

「藥物固然對入睡有幫助，不過夢的出現，通常都是反映我們內心的一些東西。我們不必急於否定它的虛幻，它的出現總有它的含意。無論夢境有多零碎，也試試分享一下，好嗎？」

葉嵐留意到阿樂聽到她說「虛幻」一詞時，眉頭一緊，然後思想好像飄到很遠的地方去，到回過神來，又像沉思着什麼似的。葉嵐沒有打擾他，還給他足夠的時間沉澱和思考，耐心地等阿樂開口。

過了半晌，阿樂似是克服了某些關口，徐徐地說：「夢裏我不停被追趕，好驚。」

「追趕你的是什麼？」

「是一個小女孩，但……我總覺得她其實是另一個人。」

「一個非常親密的人？例如……女朋友？」葉嵐在試探。

阿樂看着她，臉有難色，葉嵐還以為自己太過進取，因而把他嚇怕。沒想到他竟輕輕吐出一句：「算是吧！」

得到阿樂回應，葉嵐便放心追問下去了。

「在夢裏，我們給某些東西追趕，可能是代表我們潛意識害怕它，在現實生活裏把它壓抑了。」葉嵐以專業的口吻解釋，「可以說一下，你跟她的關係嗎？」

葉嵐定睛看着阿樂，只見他的臉色比之前更要難看，似乎在掙扎什麼。葉嵐明白第一次接受輔導的人，實在很難把心底話一一吐露出來，於是鼓勵他說：「不用擔心，你在這裏所分享的一切都是保密的。你在這裏是絕對安全！」

阿樂仍然不發一言，雙拳握得很緊。這時，葉嵐留意到他身上穿了球衣，想必是個球迷吧！於是她嘗試用阿樂比較容易理解的說話，換個方式再鼓勵他。

「輔導就如同踢球一樣，即使教練教得再好，仍要球員親身落場比賽，嘗試踢球，他才有機會把球踢進龍門的。不如嘗試將你的事情告訴我，好嗎？」

阿樂掙扎了一會，把臉轉向窗台那邊，對着窗子說：「其實那個人不是真正存在的，是我之前病發時會見到，我一直以為她住在我家樓上。」阿樂說話的時候好像很費力，然後歎了一口氣繼續說：「我喜歡了她，以為跟她拍拖兩個月。」

葉嵐聽到，呆了半晌，驚覺阿樂竟然就是自己一直在找的個案，實在太不可思議！她當下暗暗感到欣喜，並沒注意到自己的嘴角微微向上揚，阿樂似乎把這看在眼裏。

「你是否覺得很變態？」

「不會。一點也不會。我只是在想像你為了這件事有多困擾。」葉嵐努力掩飾，心裏連聲怪責自己太不小心，要是阿樂誤以為她在嘲笑他，就會提防她，不會打開心窗了。她必須挽回阿樂的信任，認同他的感受是必須的。

「其實，我們每個人都一樣，會對愛情有幻想。只是有些人比其他人更敏感，反應更強烈。既然這件事令你感到困擾，我們就由這裏開始談，好嗎？」葉嵐一臉誠懇地看着他，心裏暗自稱讚自己的急才。

只見阿樂在思考她的說話，沒有回應。然後他看了看枱上的時鐘說：「我知道時間到了。」

「我之後沒有個案，你想多談一會亦可。」葉嵐急忙回應。

阿樂有點猶疑，又再看着時鐘，然後整理背包，好像要趕緊離開似的。葉嵐想，既然知道他就是自己想要的個案，操之過急反而會誤了事情，於是以體諒他的口吻說：「嗯，不要緊。我們下星期再繼續吧！」

當阿樂揹上背包離開之時，她在筆記簿上寫了一道題——「我與幻覺戀愛的經歷」，然後把紙張撕下來，遞給阿樂說：「有一份功課想你在下次見面前先完成，試試將你跟幻覺拍拖的經過和感受記錄下來，寫得愈是仔細愈好。」

阿樂想了想，伸手接過它，猶疑的說：「嗯，我試試吧！」

葉嵐站起來，看着阿樂的身影離開。當門完全關上的時候，她隨即在袋裏拿出手機，給 Dr. Fung 發了一個訊息——「Found the case. Will report to you asap.」

葉嵐欣喜極了，沒想到原來冥冥中真有主宰，第一天在小禮堂走到她面前的男生，就是她一直想要找到的人！原來只要心裏很想完成一件事，整個世界真的會聯合起來幫助自己。她忽然有點感觸，很慶幸自己一直以來的努力，慶幸自己之前沒有放棄。

5

把李志樂的個案寫進研究計劃後，葉嵐隨即聯絡 Dr. Fung，透過電郵將計劃書傳給她。一天以後，葉嵐收到 Dr. Fung 的回覆，說見面時詳談。於是這天，她們到了 1881 的 Café Palour 用膳，葉嵐比原訂時間提早到達，心裏七上八下的。沒多久，她聽到 Dr. Fung 踩着高跟鞋進來的聲音，馬上站起身來，恭恭敬敬的跟她問好。

Dr. Fung 坐下來，問葉嵐會不會喝酒，葉嵐點點頭，隨即跟侍應要了一瓶紅酒和兩份午餐。陽光打進走廊，在地上留下扁平的影子，葉嵐的眼珠子一直看着 Dr. Fung，見她打開皮包，掏出一副金絲眼鏡，再取出自己的計劃書，密密匝匝十數張紙。她翻着手上的計劃書反覆看着，葉嵐看她的樣子，感覺到 Dr. Fung 似乎不太滿意。

「這裏提到，他的媽媽去年過身了，你有沒有跟他談過他跟媽媽的關係？」

「嗯，他有提到媽媽很疼愛他，還說這個世界上無人會像媽媽一樣愛他。」葉嵐一面回憶着，一面回答 Dr. Fung。

Dr. Fung 皺起眉頭，以質問的語氣說：「這麼重要的話，你竟然沒有將它寫在計劃書裏？可能正正是這句話，就能解釋了他為什麼在現實生活中不敢去愛，反而是跟幻覺拍拖！家庭因素、父母關係這麼基本的因素你怎可以忽略？」

葉嵐給 Dr. Fung 質問後，方如夢初醒，驚覺自己遺漏了重要的事情。她一臉懊悔的說：「Sorry，我確是忽略了，我沒有從他媽媽這方面去想……」

「其實李志樂的問題跟你也很相像。」Dr. Fung 忽然轉換了口吻，語重心長地說。

葉嵐疑惑地看着 Dr. Fung，Dr. Fung 蓋上計劃書問她：「你還記得你跟我提過，小時候媽媽打你時，跟你說過什麼嗎？」

「連媽媽都不要你呀！世界上無人會要你的了！」葉嵐一字一字吐出來。

「我跟你分析過，這句話對你影響很深遠，關乎你怎麼看自己。葉嵐，你要記緊，不要將你跟媽媽之間的問題，變成你做研究、分析時的盲點！」

是嗎？真有這樣的事嗎？明明我已經原諒了母親，這個人在我心裏已經沒有位置，還能成為我做研究時的盲點嗎？葉嵐在心裏細想，未及回應，這時一個打扮優雅的女人走過來，跟 Dr. Fung 打招呼。

「Dr. Fung！」

「Dr. Chan！怎麼上次學會的 annual dinner 不見你啊？」兩人熱情地拉着手聊起來。

「我的輔導中心快要開張了，忙得天昏地暗呢！」

「葉嵐，她是 Dr. Chan。這個是我的學生。」Dr. Fung 自然地跟 Dr. Chan 介紹葉嵐。

「Dr. Chan，你好！」葉嵐站起來跟 Dr. Chan 握手。

「我還以為是你的女兒！」

「哈哈，差不多吧！我真是將她看成是女兒的了！」Dr. Fung 笑着回應。

葉嵐聽到 Dr. Fung 這樣說，臉上有點尷尬，心裏卻是甜絲絲的。她從小就跟母親無緣，要是得到像 Dr. Fung 一樣的母親垂青和照料，前途肯定是一片光明了！她記得 Dr. Fung 提過自己的女兒，一點也遺傳不到她的優良傳統，是個平庸得不能再平庸的人。但這有什麼法子？每個人天生的特質都是不同，總不能強求人人也能成為天才，唯有讓她按着自己的喜好發展。要是 Dr. Fung 真的視自己為女兒，那她定會好好栽培自己，成為她的接班人了！

「我的中心開幕那天，你們一起來啊！」Dr. Chan 繼續跟 Dr. Fung 談笑。

「Sure！」

「我約了一班CP朋友，待會再過來跟你談！」Dr. Chan 又再熱情地拉着 Dr. Fung 的手。

「OK！待會再談！See you！」

葉嵐坐下來，笑容一直掛在 Dr. Fung 的臉上。她從未見過 Dr. Fung 如此輕鬆的笑意，在大學裏她都是板着臉孔、一臉嚴肅的，想必 Dr. Chan 跟她真是交情很深的朋友，方能令她們一見面便笑逐顏開。

「Dr. Chan 的輔導中心將聘請很多心理學家，她還叫我介紹好學生給她。先寫好畢業論文，寫好再說吧！」Dr. Fung 呷了一口紅酒，鼓勵她說。

葉嵐轉過臉看着 Dr. Chan 走進餐廳的偏廳，與兩個打扮優雅的男人打交道。陽光沿着木地板爬進那個偏廳，留下夢幻而柔和的日光，她看着這光影，如同看到自己的將來，一步一步，走向一座新落成的輔導中心，許多談吐優雅的女士們互相摟着腰，穿着光鮮的紳士們重重地握着手，她笑語盈盈的周旋在他們中間，沐浴在一片歡聲笑語的陽光之中。

夢

烏雲遮蔽白日。泥地是黑色的，小丘是黑色，連同視覺所見的一切都是黑色的。荒地上立着許許多多的墓碑，死寂一片，沒有生命，沒有樂歌。一頭受驚的黑羊在野地跑着，牠的角還未出頭，樣子極其醜陋，遠看極像一條被唾棄的野狗。黑羊的四蹄在黑土上死命奔跑，翹起像黑棗般的糞團似的尾巴。牠身後有一個頭戴着花圈、身穿白裙的小女孩追趕着牠，一聲一聲呼喊牠的名字，那童稚的聲音極其清脆響亮，打破陰暗叢林的死寂氣氛。

黑羊抖着鬍子，踏了踏步，繼續橫衝直撞地向前奔。縱使揚起無數黑土，女孩仍沒有停下來的意思。受驚的黑羊的神經非常脆弱，抓狂起來便大失方寸。牠低頭衝到人羣當中，被許多穿着黑禮服的人包圍。那些穿着禮服的高個子，似是準備出席女孩的婚禮。黑羊被包圍後，四處張望，將乾草反芻出來又繼續咀嚼，唾沫從鬍子直流到頸上油黑的毛上去。小女孩看到黑羊停下腳步，一把將花圈套在牠頸項上，花圈立時成了捆綁的繩圈，把黑羊圈得很緊。

穿着禮服的賓客一擁而上，拉住繩圈勒住黑羊。黑羊的嘴巴還在咀嚼，歪着頭顱完全不知道自己已經掉落人羣的圈套。眾人將黑羊推進墳墓裏，黑羊感覺到眼前的危險，提起前蹄慘烈地嘶叫起來！墳地上揚起無數灰黑的煙塵，黑羊驚恐地掙扎，但眾人卻對黑羊的驚恐視若無睹，臉上掛着燦爛的笑容，忙着向墳地撒花瓣。黑羊驚嚇得眼睛從眼窩凸出來，四肢僵直，肌肉緊縮。即使快將昏厥，牠的眼睛仍是黑白分明地死死瞬着。

6

一星期過去了，今天葉嵐跟阿樂進行第二次輔導。他們仍是隔着一張小茶几，上面有小盆栽和圓形時鐘，這次葉嵐給阿樂預備了一杯暖水。人喝下暖水，大概就會有舒暢的感覺在全身流淌。要讓阿樂放下防備，完全放鬆下來，一杯溫水想必有幫助。

阿樂從袋裏拿出一張由筆記簿撕下來的紙，就是葉嵐上星期給他的「功課」。可惜紙上只寫了寥寥數行，數算起來還不足二百字，內容都是一些沒有重點的空話，連戀愛對象的名字、形象和他們之間的對話都沒有提及。葉嵐很快便把它看完。

「為什麼不嘗試多寫一些？」

「寫不到。」阿樂一臉懊惱。葉嵐如同看着一個小學生在作文時，拿着空白的原稿紙一樣的無助。

「想起那件事讓你覺得不舒服？」

「我在服藥，幻覺已經沒再出現了，其實是否可以不用理會呢？」

「吃藥當然可以消除幻覺，但背後潛藏的問題，不是單憑吃藥便可解決。就像做夢，雖然是假的，但反映出來的慾望和恐懼都是真實的。」

阿樂聽到這句話皺了眉頭，刻意別過臉去，不再正視葉嵐。

「你不想面對，可能那些事正正影響着你。」葉嵐說出這話後，發現阿樂回過頭來，認真的看着自己，似乎這句話觸碰到他心裏的擔憂。葉嵐忽然想到那天 Dr. Fung 提起她跟母親的經歷，便跟阿樂說：「我常常跟人分享，輔導是怎樣幫助我。在我小時候，媽媽常常打我，只要我不聽話，她便會脫光我的衣服，罰我站在門外，給鄰居當成動物一樣觀看。」

阿樂聽着，眼神起初是帶着懷疑，後來慢慢流露了同情。葉嵐平靜的繼續說：「我其實一直不想提起，到後來我也以為自己已經忘記了。直到修讀心理學時，有一個很權威的教授跟我輔導，我才發現自己原來一直很憎恨我媽媽。」

葉嵐伸出自己的手，給阿樂展示一條脫了色的手繩。阿樂定睛在她的手碗上，大概也看到那裏有許多美工刀造成的傷痕。

「這條手繩，是我小時候媽媽給我祈福後送給我的，我一直把它收起來。直至我完成輔導，正視了自己的問題，原諒了媽媽後才有勇氣戴上它。原來，傷口留下來的疤痕，觸碰了再不覺得痛，那才算是真正的復原。」

葉嵐一口氣道出自己的故事，好像也花了不少力氣。她看着阿樂若有所思的樣子，覺得他實在需要一點時間沉澱，於是說：「我們休息一會吧！」

她站起身來，走到音響櫃前播放音樂，那是海浪柔柔拍岸的聲音，遠處還有海鷗的嗚叫，聽着可以減少焦慮，放鬆身心。葉嵐聽着，吁了一口氣，怎麼竟覺得這音樂也是播給自己聽。她徐徐離開輔導室，將輔導室留給阿樂靜靜思考。

她走到茶水間，給自己倒了一杯暖開水，大口大口地喝着。她真的不恨母親了嗎？這些年來，她一直沒有母親的消息，連外婆離世，母親也沒有返港奔喪。回想起來，自己當初修讀心理學，跟母親不無關係。自從母親嫁了一個有綠卡的男人後便移民美國去了，縱使她不時會寄錢給外婆，就是不肯給葉嵐留下隻字片語。痛苦的時候，葉嵐會鎅手洩忿，後來給老師發現了，轉介社工，經社工勸阻後才停止自殘身體。

到長大後，她很想了解人的心理結構，到底是什麼令人立志行善，又是什麼令人執意為惡？到底是什麼陰影或經歷阻撓她成為一個好母親？葉嵐心裏有太多不明白，所以選讀了心理學。最奇怪的是，當葉嵐愈是掌握心理學的知識，便愈同情母親，其實母親對自己造成的傷害都是因為無知且不自知。葉嵐愈想愈覺得自己可笑，懷疑自己不會是患上斯德歌爾摩症候羣吧！即是被人傷害了，反而對傷害自己的人表現同情，甚至覺得彼此是命運共同體。或許是想得太過出神的緣故，她喝水時不小心嗆到，連連咳嗽，連上衣胸口的位置都沾濕了。

葉嵐看了看手錶，發現是時候回輔導室。她一邊走一邊把上衣的水漬擦乾，走着的時候，忽然想起母親曾說最喜歡她的脖子，頸上的皮膚跟她一樣又白又細。葉嵐回想起來，真有不少男人跟她說過同樣的話，他們親吻她的時候都會讚她脖子光滑得不帶一絲皺紋，由耳蝸到脖子，由脖子到腮骨都是白亮得迷人。想到這裏，葉嵐從裙袋裏取了一條髮圈，把頭髮束到後頸去了。

她推門進到輔導室，看見阿樂放鬆身子，閉着眼睛半躺在椅子上。他大概聽到開門聲，知道葉嵐進來了，便馬上坐直身子，眼睛卻沒有完全張開。他迷迷糊糊的對着葉嵐喊了一聲：「欣欣。」

葉嵐略感不解，凝視着阿樂，阿樂馬上澄清說：「她叫欣欣，是住在我樓上的。」

葉嵐這才意會到阿樂說的是他的幻覺，看到他終於肯吐出自己的秘密，大感欣喜，心想不愧她花了這麼多功夫！她隨即對阿樂微笑，翻開筆記簿，在上面寫上「欣欣」二字。

「那麼欣欣是長什麼樣子的？」葉嵐實在不能放過所有關於欣欣的細節。

「她很清純，長得好白，好漂亮，長頭髮的，喜歡束着馬尾⋯⋯」阿樂說話的時候，眼睛一直注視着葉嵐。葉嵐不禁想，除了清純，她都具備這些特徵！怎麼好像在描述自己的呢！

「你除了會見到她，還會不會跟她有交流？」

「我從來無懷疑她是假的，她就好像我跟你一樣會聊天、相處。」阿樂說到「我跟你」三個字時，緊張得拿起桌上的水杯喝了一口。

「甚至你會碰到她？觸摸到她？」葉嵐急切地追問下去。

「是！總之就是跟真人沒有分別。」阿樂堅定的説

葉嵐想了解更多關於阿樂和欣欣之間的事情，着緊起來，身體不自覺地向前傾。

「那麼再親密的呢？例如接吻？」

阿樂立時變得很腼腆，垂下頭，握着水杯。葉嵐一直看着他，等待他回答，不過阿樂還是説不了話。葉嵐只好換個方式，嘗試以退為進，看看有沒有效。

「是不是覺得尷尬？如果不想説，我們可以轉另一個話題……」

「我們有……接吻。最多就這樣了。」

葉嵐成功令阿樂吐出重點，心裏竟有莫名的興奮，而這興奮並不單單因為她的研究能進深發展。她下意識拉了一拉裙子，轉換了一個坐姿，追問他説：「你有沒有想過跟她再進一步？」

「嗯……有，但我跟她……沒有做過，只是我自己……」

「自慰？」葉嵐搶着説。

阿樂嚥下口水，別過臉去，神情比之前更加腼腆，以略重的語氣反問：「其實是否一定要談這些？」

葉嵐這才醒覺自己好像過了火，竟興奮得忘記了面前坐着的人還是個康復者，看他反應這樣敏感，看來無法再多套一些什麼了。她只好換個口吻，為這次輔導作總結，也好為自己鋪一個下台階。「性慾是很正常的，你有，我都會有。不過你感覺不舒服，我們就聊到這裏？」

兩個人靜默下來，阿樂的臉漲紅了，一直低着頭，沒有察覺到葉嵐臉上的失望神情。後來，阿樂的視線由水杯轉到那張未完成的「功課」上，沒想到他竟開口說：「不如我再寫給你。」葉嵐聽到這話如同重現曙光，便立時回他一聲：「好呀！」

阿樂放下水杯，伸手想取回那張「功課」，恰巧葉嵐同時也想將那張紙交給他，兩隻手不小心觸碰到對方，阿樂連忙把手縮回去。男女之間的肌膚觸碰，對葉嵐來說並不是一件會令她尷尬的事，不過看着阿樂一臉不好意思的，覺得這個男生太純情了，該不會就這樣喜歡了她吧？

葉嵐把「功課」重新遞給阿樂，然後開門送他離開。離開時，阿樂看着她的眼睛。待門關好後，她放下了頭髮，心裏暗忖，真的不能讓母親成為研究的盲點，母親遺傳的漂亮脖子確有它神奇的用處。她打開手機，收到 Simon 傳來的訊息。

7

阿樂離開輔導室之後，阿 Joe 本來打算約葉嵐一起吃飯，又給她推卻了。這次是 Simon 首次主動要求跟她見面，他說會議提早結束，想到葉嵐的家裏去看看她，而他已經在路上了。葉嵐知道自己身體的需要，披荊斬棘的擁抱就足以令她得到勝利的快感。當她收到訊息後，二話不說，就善解人意地領 Simon 回自己的家裏去。

Simon 一進屋裏，便一把抱住她的腰，貪婪地親吻她。葉嵐脫了外衣，裏面是一件黑紗吊帶背心，透視、柔軟、具有神秘感。Simon 看到她的小背心，便禁不住在她身上掏。兩個殘缺的靈魂就最危險的了，很容易浸沒在泛濫的情慾之中，在牀上忘我地糾纏。

葉嵐很清楚自己的身體與愛慾，她需要被需要，享受被親吻，不過當 Simon 親吻她的時候，她腦裏浮現的竟是阿樂憂鬱的眼神。她完全無法理解，於是張開眼睛，用兩腿盤着 Simon 的腰，緊緊地抱住他，讓他壓在自己身上；可是葉嵐一閉上眼睛，又再感覺是阿樂壓着她的身體，在裏面抽動。葉嵐摔一下頭，張開手臂，十指緊緊握住 Simon 的手，但她只感覺到他自顧自地陶醉在愛慾之中，完全不知道她分了神，直至他的身體不由自主地抖了一下，含糊地叫了一聲，便轉過身爬到牀邊喘氣。葉嵐心裏不是滋味，也轉到牀的另一邊去。這時Simon才覺得葉嵐有點異樣，拉拉她的手問道：「怎麼了？」

葉嵐從牀上爬起來，沒說什麼，逕自走到洗手間去。到她回來時，Simon已坐在牀邊穿回褲子，葉嵐說了一聲：「唔該！」他便爬到牀角把背心拋給她。不過他拋得很隨意，葉嵐沒接住，背心落在她腳邊。葉嵐彎身拾回，不哼一聲，把睡衣套在身上。

「Dr. Fung昨日晚宴時不停提到你的論文，我早說她一定會喜歡。畢業後正式當了CP，有她的看顧，將來的機會多的是呢！」Simon眉飛色舞地說着。

葉嵐聽到Dr. Fung主動提到她的論文，心裏暗暗地高興。她又想，其實Simon對她的事也不是完全不關心，可能只是在牀事上不太懂得情趣吧！於是心頭有過的失落感便一掃而空。她走到書桌前坐下，一邊對着鏡子梳頭，一邊打開桌前的平板電腦。

「怎麼不裝修一下呢？怎麼看也不像時下少女的住所。」Simon一邊穿衣，一邊看着簡陋的房子問道。

「很差嗎？我已經親自把牆髹了一遍！」

「但為什麼不添置一下東西？例如洗衣機、電視之類，還可以略略加一點擺設！」

「反正這房子不是我的，有錢也當省下來儲蓄吧！」

「住舒適一點不好嗎？有了錢就是要享受生活啊！」

本來面向着鏡子梳頭髮的葉嵐忽然記起什麼，便轉過身來跟 Simon 說：「你的研究數據我差不多完成了，你看第一期薪金何時能給我。」

「那麼快？我在追 department 那邊了，要不我先付給你。」

葉嵐不置可否，她本可一口答應，但她不想將自己跟他的關係牽涉金錢。她雖然想要從男人身上得到好處，但她可不是賣身，這是她給自己的底線。她每次展開一段新戀情，對方總有吸引她的地方，也相信自己是真心愛他們，問題只在愛有多少。這時，放在牀頭的手提電話響起，Simon 立刻拿起電話來看，看到來電顯示，便走到洗手間去。

「喂？爸爸在學校面見學生啊！什麼？媽媽還沒有回來嗎？怎麼搞的？好吧，爸爸儘快回來。」

葉嵐在鏡子中偷偷看着 Simon，卻裝作若無其事地梳頭髮。她在想，這段關係到底能不能算是愛？如果不算是愛，她又是什麼時候學會用身體換她想要的東西？忽然，她想起 Uncle Wong，那個趁母親不在的時候爬到她牀上的男人，儘管她極力反抗，悲劇還是如他編好的劇本發生。最終她失了貞潔，卻得到一支法國限量版的唇膏為報酬，她把唇膏賣了，買了一條絕美的裙子，令她在聯校聖誕晚會上成為全場的焦點。自此她發現，抵抗不能改變什麼，反之自己的身體可以為她帶來許多好處。這惡夢般的往事，想想也令人噁心，她不願再記起了。現在的她有能力主宰自己的命運，縱然她曾跟許多男人在一起，但都是她甘心情願的。當中或多或少總帶着迷戀或愛吧！如果那能夠稱之為愛。

葉嵐重新看着 Simon 的背影，他也不過是自己的獵物，是一個能幫助她平步青雲的戰利品。想到這裏，即使知道他將又再匆匆忙忙地離開，她都不再耿耿於懷了。她合上鏡子，戴上耳機，對着電腦聽音樂，那是王菲空靈的歌聲，她的心也隨着歌聲飛到如夢似真的地方去了。

8

葉嵐站在恩善會愛心服務處的接待處，等了一小時也沒看見阿樂的蹤影，只好向阿Joe求助。阿Joe知道葉嵐需要幫忙，一聲聲叫她阿嵐、阿嵐，親切又殷勤。他翻開了會員的通訊錄，找來阿樂的電話，在她面前打電話給阿樂。

「喂，阿樂？我是阿Joe，你今天約了葉小姐做輔導啊！怎麼還未到啊？啊，啊，你要退出研究？……」

葉嵐聽到阿樂要退出研究，大為緊張，連忙用手勢向阿Joe示意想跟阿樂直接對話。阿Joe將聽筒遞給葉嵐，阿樂聽到葉嵐的聲音立時掛了線，令葉嵐又無奈又生氣。

「真的不好意思啊，阿嵐！沒想到他會這樣沒責任心，要不我再試試跟他談，再替你想辦法。」

葉嵐咬了一下嘴唇，想着要是阿樂一直逃避下去，研究肯定無法完成。她偷偷看到阿Joe手上的通訊錄，上面寫了阿樂的地址，她在心裏盤算，看來要親自走一趟了，縱然輔導員是禁止私下接觸受輔導者。

很快，她按着地址找到阿樂住的屋邨。她發現，阿樂住的地方跟她的住所很近，兩幢大廈只相隔一條高速公路，穿過行人隧道，便能到達她的家。她從來沒走進舊式的公屋大廈，從前跟母親住的是單幢大廈，跟外婆住的時候則住在唐樓，而同學住的地方都是私人屋苑，沒想到走進舊式公屋，就像發現新世界一樣。她想，到底自己在香港這麼多年是否白活了，怎麼連香港的房屋設計都沒有好好了解過？

她站在入口的位置，抬頭看着大廈的設計，覺得「井字形」公屋真像Michel Foucault提出圓形監獄的概念，只是眼前所見的大廈是四方形設計。只要走進大廈，無論站在什麼位置，都會給人察看得到，很適合互相監控。至於這裏的天空，如同給一個大框鎖着，她想，阿樂住在這樣的地方，難怪會把自己封鎖起來。

葉嵐看了一會，便穿過天井，進到升降機大堂去。到了十八樓，便逐家逐戶看着門牌，終於走到阿樂的家門口。在按門鈴之前，她確是猶疑了一陣子，想着這樣找他會否太過唐突，反而壞了事情，但細想現在事情不就是已經很壞了嗎？不試試跟他談就肯定沒法令他回心轉意，重新接受輔導。她終究還是按下門鈴，可是沒有人應門。葉嵐在門口等了約二十分鐘，沒人回來，也沒人開門，她想這次肯定是要吃閉門羹了！當她正要離開之時，卻看到阿樂從升降機大堂走過來，沿着走廊一直走到她面前。

阿樂一直走，眼睛一直注視着葉嵐，直到快要來到家門口，便低下頭，越過她身邊，逕自拿出鎖匙開鐵閘鎖。葉嵐看着他，驚訝得完全不能相信，她沒想到阿樂會無視她，把她當成透明一樣！

終於她忍不住叫了他一聲：「阿樂！」

阿樂聽到自己的名字，似乎很掙扎。他一臉痛苦的抬起頭向着木門說：「我好想你！」話畢，突然轉身，一把將葉嵐緊緊抱住！

阿樂這突如其來的舉動把葉嵐嚇壞了，她連忙用力推開阿樂，質問他：「你在幹嗎？」

「你不是欣欣，你是葉嵐？」阿樂這才發現眼前的是葉嵐，他的受驚程度也不比葉嵐小！

葉嵐一時間未能消化阿樂說的話是什麼意思，只見他驚惶失措，連忙說了幾聲「對不起！對不起！」然後像受驚的野鹿一樣拔腿就跑，一下子便跳進森林，怎麼也捕捉不到。

葉嵐很想跟他確認什麼，但阿樂已經重重地關上門，躲在家裏了。葉嵐一時也沒法理解眼前發生的事情，只好無奈地離開。

她離開阿樂住的屋邨後，漫無目的的踱着步，心裏有許多不明白。莫非欣欣跟自己長着相同的臉孔？欣欣是阿樂幻想出來的戀愛對象，那麼她不就是這個戀愛對象的雛形？如果真是這樣，阿樂真正喜歡的人就是自己？這就是阿樂逃避她，不肯再來輔導的原因？他將對欣欣的愛轉移到自己身上？難怪每次見他，他都是定睛看着她的臉，眼神時而欣喜，時而憂鬱，甚至有時痛苦得要急着躲開了……

想着想着，葉嵐已回到家裏去。那時天色已晚，對面大廈無數住宅已亮起燈火，有的白，有的黃，有的明亮如星，有的昏暗得如渴睡人的眼睛。燈火照亮快樂人的生活，也照亮許多微小得喚不起注意的人的真實人生。葉嵐坐在書桌前，吃着前一天外賣剩下的舊飯菜，翻看論文的參考書，她愈想愈認定阿樂是一個極特別的案例，同時具備情愛妄想和精神分裂症的病徵。他幻覺出現的戀愛對象，竟是曾經接觸過的真實人物，而這個人後來更成為了他的輔導員，即是葉嵐自己。案主在未曾進行輔導前，竟已將輔導員妄想成為戀愛的對象，精神病學及心理學歷史上應該還沒這個案例吧！要是這次的研究成功，一定是一篇極具價值的論文，說不定他日還能成為「情愛妄想與精神分裂症研究」的經典案例呢！

這時窗簾隨風吹動，把外面的燈火帶進屋裏來，那些暖暖的燈飾，不經意地在葉嵐心上留下一絲悸動。葉嵐拉開窗簾，望出屋外，忽然想到什麼，但又覺得太不可思議，終究是無法確定的。她愈想愈是出神，慢慢忘記了桌上的半碗舊飯菜已漸放漸涼。

9

葉嵐從沒想過阿樂會再次來到輔導室，還主動說要替她完成研究計劃。

本來葉嵐已經灰心得要放棄，私下跟阿Joe吃了幾頓飯，請求他幫忙游說，希望能令阿樂回心轉意。幾星期過去了，事情還是沒有起色，葉嵐心裏很清楚這次研究能順利完成的機會很渺茫，所以也叫阿Joe不用再為她費神。沒想到，幾天前跟阿樂的巧遇，竟令事情出現翻天覆地的變化！

那天葉嵐跟阿玲完成輔導後，在恩善會的入口大堂碰到阿樂。葉嵐當然喜出望外，連忙喊了他一聲，問他是否改變主意，決定繼續接受輔導，阿樂卻不以為然，只淡淡說自己是過來健身。原來恩善會有一間小型健身室，會員付了月費便可以無限使用。葉嵐聽到阿樂的回覆，失望極了，只好輕聲說：「哦，這樣子！如果你覺得對着我不自然，當然不要勉強。」

葉嵐說話的時候，把語速拖得很慢。阿樂本來就是個老實人，最怕自己影響到別人，聽到葉嵐失望的語氣，自是感到不好意思，便跟葉嵐說了聲抱歉，還說希望自己的退出對她的研究沒構成太大影響。葉嵐一向觀人於微，看到阿樂說話的神態就知道他是個好對付的人，於是她以無可奈何的語氣說：「多少總會有影響的吧！始終你才最符合我的論文題目。不過，也不打緊，最多轉另一個題目，遲一年畢業而已。」葉嵐一邊苦笑，一邊留意着阿樂的反應。看到阿樂臉色沉下去，想必是感到內疚了，她再加一把力，以退為進的方式跟阿樂告別。

「不知將來還有沒有機會見面呢？我先走了，拜拜！」話畢，向着阿樂無奈地淺笑。

葉嵐走了，沒有回頭，但她能感覺到阿樂的注視並沒有離開。她實在無計可施，只能這樣賭一把。不過這賭局，葉嵐是本小而利大，反正她根本沒有任何法子能令阿樂回心轉意，她唯一能利用的，就是阿樂的善良而已。就這樣，幾天後，葉嵐收到阿Joe的來電，説阿樂主動想回來幫她完成研究。

下午六時了，葉嵐坐在輔導室裏等待，聽到敲門的聲音，知道阿樂按時來到，心裏很是歡喜。

阿樂推門進來，走到葉嵐面前，從袋裏取出一疊原稿紙，遞給她説：「那份功課我補回了。」

葉嵐拿着阿樂的功課，上面有他的筆跡，前後滿滿的寫了幾頁，他真的把自己與幻覺談戀愛的經歷都寫下來。葉嵐看着有些感動，抬頭看看阿樂。他的神情很鎮定，眼神也沒有之前的恍惚，想必他已衝破了某些關口吧！葉嵐雙手合上他的功課，珍而重之把它折疊好，放在茶几上。

待阿樂安坐好，葉嵐便直接入題了。

「欣欣第一次出現是什麼時候？」

「應該是見到你的第二天。」

葉嵐嚇了一跳，卻強裝鎮定地微笑。「這樣看來，我們的相遇似乎是一個很重要的時刻。」

阿樂看着她沒說話，於是她接着說：「不如你說一下我這個人，當天有什麼吸引了你。」葉嵐說到「我這個人」時，刻意用手指着自己，像是要把在阿樂跟前的自己跟當天在街上遇到的那個人區分開。

阿樂望着葉嵐笑了笑，又是一臉靦腆。葉嵐沒有迴避阿樂的眼神，兩個人對望，竟一時無語。

「不如你合上眼睛，回憶那天，在街上見到的那個陌生人，給你什麼感覺？」葉嵐以專業的口吻說着。

阿樂看着葉嵐，吸了一口氣，點點頭，然後閉上眼睛。葉嵐望着閉上眼睛的阿樂，他是不帶一點懷疑地信任她，葉嵐覺得這個人很是可憐，竟然從沒想過自己要他吐出經歷不過是利用他。

未幾，阿樂開口說：「那天阿玲好無助，只有這個人肯衝出來擁抱她，就是那一刻，我覺得她好像天使……當全世界都在笑、害怕、奚落阿玲的時候，只有她肯站出來保護阿玲，我覺得她就像保護我一樣……我有病，從來都不敢幻想愛情……直至遇到她。」阿樂說着最後一句話時，神情是無比的堅定。

葉嵐看着阿樂，他的一言一語都是發自內心的真摯。每句說話都深深打動了她，她必須抿緊嘴唇，方可壓抑着內心的感動。世間怎會有一份單純至此的信任，就因為一次見面，她的一個行動和反應，他就這樣將愛投射到自己身上！縱使她跟阿樂沒有真正發生過什麼，但他的真情就足以令她深深的感動。不懷希望，不求回報，似乎她這生也未遇見過這樣真誠地對待自己的人。

到阿樂徐徐睜開眼睛，看着葉嵐，葉嵐還未回復平靜。她心窩好像被擊中一樣，炸起了無數波濤，卻裝作自然說：「很好。能夠誠實地面對自己的感覺，並不容易。」

「你不要誤會，我說的是欣欣。」阿樂緊張地解釋。

「我當然知道。我其實沒你說的好。」回想起來，她也不知道自己當日為什麼會衝出去抱着阿玲。

葉嵐隨即喝了一杯暖水，平靜自己。她提醒自己，阿樂是她的輔導對象，她必須公私分明，不能被一時的感動沖昏頭腦，影響自己的專業。更何況，她明明知道阿樂喜歡的是她保護弱者的勇敢形象，而非私下相處時認識的真正的她。

這次輔導在很平靜的氣氛下完成。阿樂把他對欣欣的感覺如實地告訴葉嵐，葉嵐也因此了解到阿樂的掙扎，兩個人經過深入的交談後，慢慢建立了信任。待阿樂離開後，葉嵐開始閱讀他的「功課」。如果說那是當事人交給輔導員的「功課」，倒不如說那是阿樂送她的親筆信，這會更為貼切。他的字、他的話每句都是帶着溫度，可以讓人直接閱讀他的心。

「葉嵐：

很對不起，我之前爽約，還害你差點沒法完成論文。現在你終於知道，為什麼我這麼抗拒在你面前提起欣欣的事了。我決定詳細記下跟欣欣的經歷，希望對你的論文有幫助。

跟欣欣一起，是我人生最快樂的時刻，從前的孤獨，好像完全消失了一樣。平日我很怕跟外面的人接觸，跟他們相處常常要戴着面具，但在欣欣面前，我可以毫無顧忌地做回真正的自己。我們之間有無窮無盡的話題，天南地北都可以聊一通，因為我們同樣了解大家，永遠兩心相通……」

葉嵐一面讀着信，腦海裏浮現了不少畫面，包括她跟阿樂靠在欄杆聊天，她枕在阿樂的肩頭上分享生活逸事，阿樂輕撫她的頭髮説着甜蜜的傻話；有時他們會在走廊席地而坐，又在走廊裏互相追逐，到阿樂捉到她，從後抱住她，她會轉身面對面看着阿樂，自然地跟他親吻擁抱；有時他倆會抱在牀上，聊天直至疲累，閉上眼睛便安然熟睡。沒錯，這些畫面的女主角，都是她！縱使她知道這許許多多甜蜜的片段，都是阿樂跟欣欣之間相處的經歷，也知道自己是輔導員，絕不能對輔導對象動心。不過她看着阿樂寫下的一字一句，實在無法抽離，無法不把自己代入其中！

葉嵐一口氣看完阿樂的文字，然後久久地站在窗前，執着他的信。遠山的斜陽漸漸落下，在天空留下一層金黃、一層橘紅、一層紫藍。她忽然發現，自己竟在腦海裏跟阿樂談了一場戀愛，這些片段和感覺，跟許多色彩交織在一起的黃昏一樣，短暫卻美好。

10

夜有點涼，風悄悄起了，吹拂着葉嵐身上單薄的衣裳。她離開輔導室後，走在熙來攘往的街道上，雖是獨個兒走着，但阿樂好像陪伴在自己身邊，忽然她覺得夜縱是涼，但不孤清。她不禁想，其實自己跟阿樂很是相似，一個想像愛人，一個幻想被愛，都是同樣的不現實。不過，這個不現實的世界，本身不就是現實的一部分嗎？他們同樣在不現實的世界裏經歷快樂、幸福，而這感覺還可以在心頭盪漾很久。

葉嵐想得入神，沒料到手機忽然震動，把她的思緒拉回現實。她拿出手機一看，發現是Rex傳來的短訊，上面寫着短短四字：「很想見你」。葉嵐看着短訊，之前心頭浮起的甜蜜感覺一下子都變成厭惡，她猶疑着應否回覆Rex，勸他別再糾纏時，並沒注意到交通燈已由綠轉成紅。

她甫踏出馬路，便傳來「咻」的一聲，那突如其來的高分貝巨響，隨時會令人嚇破膽或觸發心臟病。雖然葉嵐沒有隱性心臟病，卻被嚇得魂不守舍，一時不懂得反應，幸好身邊有人一把將她拉住，輕鐵隨即在她面前快速駛過。她馬上後退一步，返回安全島，連忙跟身邊的人道謝。那人沒當成一回事，也沒說一句話，當她回過神來抬起頭時，方發現拉着她的正是阿樂。她思索了一會，才能確定眼前的不是幻象，難道他真的一直陪伴在自己身邊嗎？

兩個人就像腳生了根一樣，站在安全島上呆望着對方，半晌說不出話來。行人如同川流在他們身邊往來不停，到交通訊號燈再次亮起，葉嵐才尷尬的問他：「你也是走這邊嗎？」

阿樂點點頭，沒說話，這算是回答了她。他們一同走着，不過中間帶着距離，誰也沒有說話。葉嵐時而看着街上的攤檔，時而看着店舖招牌耀眼的廣告燈，東瞧西望，她感覺到自己的心好像不受控制地跳動，深信一定跟之前輕鐵的警號聲有關。阿樂與她保持距離，行人有時會在他們中間穿插，他兩手一直拉着背包的背帶，盯着地板，低頭看着雙腳，小心地走着每步。葉嵐知道，在輔導室裏她跟阿樂可以深入討論私密的東西，全因輔導員跟受輔導者的關係。正常人與人的認識是由淺入深，但輔導員與受輔導者卻是相反，如今葉嵐已知道了阿樂心中的秘密，難怪他與她之間連閒聊的空間也沒有。

葉嵐一邊走，一邊留心阿樂的反應，他雖沒有說話，嘴角總是帶着笑意。她又發現原來他的個子挺高大，雖不是長着一張俊臉，但五官端正，樣子親和，很有鄰家男孩的感覺。阿樂似乎發現了她的注視，轉過臉來看她，葉嵐馬上別過臉去，裝作看着路邊攤的廉價貨品。

兩個人靜靜地走過鬧市、攤檔，順着人潮穿過大型屋苑，各想各的。走着走着，葉嵐的電話忽然響起，她見到來電顯示，便走離阿樂幾步接聽電話，阿樂也識趣地走到一邊。電話裏頭是 Simon 的聲音，他說太太突然回港，今晚不能陪她，跟她連連道歉。葉嵐聽後雖略感失望，但很是平靜，只回他一句不打緊，縱然今天是一個特別的日子。Simon 再說了幾聲不好意思、另約日子等說話，葉嵐又「嗯」了幾聲便掛了線。掛線後，她走回阿樂身邊，兩人相視，尷尬一笑，又繼續無聲地往前走。

穿過大型屋苑，便來到一條大馬路，過了馬路就是輕鐵車站。馬路旁邊有一架流動小販車，小販一邊握着大鑊忙着炒栗子，一邊忙着轉動爐裏的蕃薯，空氣中充滿着糖砂炒栗子的香氣。葉嵐看到賣栗子的小販，兩眼立時發亮，主動打破沉默，問阿樂：「你喜歡吃炒栗子嗎？」

阿樂看着她笑而不語。葉嵐連走帶跑地到小販車跟前，買了半磅栗子。小販打開木桶，把半磅栗子倒進小小的薄雞皮紙袋裏，還說天色晚了，趕着歸家，就多送她幾顆。葉嵐捧起熱烘烘的栗子，走回阿樂身邊，在他面前打開雞皮紙袋，看到袋裏顆顆栗子都有一層油光，圓潤飽滿，臉上隨即掛起幸福的笑容。

葉嵐把栗子遞給阿樂，阿樂起初有點害羞，後來也接過葉嵐手上的栗子剝開來吃。兩個餓了的人，就站在街頭分享手上一包小小的圓滿。葉嵐一邊吃，一邊說：

「看！每顆都是離殼的，今天的確是個好日！」葉嵐吃得手指頭烏卒卒的，也沒特別顧上儀態，直到袋裏只剩下最後一顆栗子時，阿樂便從背包裏取出水瓶，把水沾在紙巾上，遞給葉嵐，讓她把手抹個乾淨。

可能因為吃了栗子的緣故，胃暖了，連人的心也和暖起來，他們中間的沉默就這樣被打破。阿樂給葉嵐丟掉手上的垃圾，便向輕鐵月台方向走。這時還是下班人潮的高峰期，月台上有許多乘客等候列車，當中有一對年輕男女站在黃線前聊天。

葉嵐觀察了他們一陣子，便跟阿樂說：「我猜那個女生應該是喜歡那男生，不過男生似乎對她沒意思。」

阿樂朝着葉嵐的視線望去，一時間不明白她的意思，所以沒答話。

葉嵐隨即解釋道：「不是嗎？女生雖然在看手機，但不想令男生察覺自己留意對方，刻意背向男生，頭卻不時回望他呢！男生的身體語言則自然多了，看手機就是看手機，最多只是抬頭留意輕鐵到達了沒，可見男生對女生完全不在意。」

阿樂遠遠觀察着那對男女，沒有即時回答葉嵐，慢慢才開口說：「是嗎？如果喜歡對方，為什麼要刻意隱瞞？」

「是自我保護機制啊！人很害怕承認了某些事實或動機後，會帶來負面影響。只要你不承認，就永遠不會受傷害。」

阿樂仍在消化葉嵐的說話，沒多久，輕鐵駛進月台，那對男女上了車。與此同時，又有大量乘客紛紛湧出車廂。一個穿着校服的女生下了車，看到一個男士便把書包交到他手上。男士看着她幸福地笑了笑，替她拿着書包。

葉嵐又對阿樂說：「人的意識好像一座冰山，露出水面的一小部分是意識，那可以是我們的外在行為；但隱藏在水面下的絕大部分，卻是潛意識，它是我們不能察覺、不能控制的，卻能影響我們最多。就像面前這對男女，你覺得他們是什麼關係？」

阿樂立時說：「是父女啊！」

這時身穿校服的少女把手勾在男士的臂彎內，男士甜蜜地摸着她的頭。「我看不是。他們的親密程度並不像一般父女。你看？那個男士走路時會不自覺地兩邊張望，好像很怕給人發現似的，通常不見得光的關係才會這樣。」葉嵐推論着。

「你意思是偷情、援交之類？不會吧？父親對女兒親暱一點很正常吧！以前我經常拖着媽媽的手逛街。」

「你可能是異數吧！這些奇奇怪怪的關係，我倒見過不少。」

阿樂本想再反駁，但突然，那個少女在月台上大喊一聲：「媽！」之後便鬆開手跑向一個年輕的婦人身邊，然後兩母女手挽手離開了月台。這個心理遊戲，最終由對心理學一無所知的阿樂勝出，葉嵐臉上感到一陣燙熱，尷尬得很。

「看來，潛意識不單影響我們的行為，還會影響我們用什麼角度觀察事物。哈，這個觀點也可以在論文裏闡述一下。」葉嵐笑着，為自己找下台階。

「這也挺有趣的，有時我們的確做了一些事情，連自己也理解不到。」阿樂好像沒有意識到葉嵐的尷尬，對這話題很感興趣似的。

「不過，潛意識很多時對人的影響恰恰是相反的，例如有些後母會特別善待丈夫跟前妻生下的子女，以此掩飾對孩子的敵意。」

阿樂聽到這裏，便在沉思，不說話了。過了良久，才以似悟到了什麼的語氣說：「就像你當日見到阿玲脫光衣服，是你的潛意識催迫你去保護她！會不會因為你小時候有同一的經歷，這個傷痛進入了你的潛意識，因此你見到阿玲的遭遇跟你一樣時，就挺身保護她，像在保護自己？」

阿樂的話直接擊中她的心窩，她完全沒料到阿樂會把自己過去的經歷記在心上，而他的分析就像閱讀到她的心一樣。那段她也未能消化的過去，經他分析起來，好像真有箇中道理。她忽然想起小時候的她，被迫站在家門前，眾目睽睽之下一絲不掛。那個年紀的她已經知道羞恥，母親卻不知道羞愧跟羞恥是天壤之別！她被推出家門，全身光溜溜的，兩手抱住雙臂只能掩蓋上胸，下身卻是涼颼颼。她很想躲起來，卻無處可藏，那些窺看她的眼睛雖不是貪花好色的目光，但羞恥感卻爬滿她全身上下。從此，她出入時每遇到同層的鄰居，都會覺得自己在他們眼中是赤身露體的，羞得她不敢抬頭。

葉嵐想着，竟困惑起來。她以為自己已經忘記了那些傷痛，以為原諒了母親，傷口便不會存在，沒想到一道隱痛還在她心頭閃過。阿樂說得很對，原來自己那天保護阿玲，也是出於潛意識想要保護曾經受傷的自己。與此同時她心底也在渴望能遇到一個保護她的人。葉嵐想到這裏，不由自主的看着阿樂，又出了一會神。

11

下班時間，車廂內載滿了歸家的途人。葉嵐跟阿樂進到輕鐵後，本來站在車門位置，不過湧進車廂的乘客很多，他們就被推到車廂中間。柱子附近的位置已站不了人，葉嵐好不容易找到位置，舉起手，握着扶手，晃晃蕩蕩的站着。

阿樂跟她站得極近，她的臉幾乎要貼着他的胸膛。兩個人面對面站着，都不知道把視線放在哪裏才好。輕鐵在行駛時前後晃動，大家都極力保持平衡，用力拉着上面的扶手，撐着身體，儘量令自己不會碰到對方。不過列車實在晃得厲害，他們根本不知道什麼時候會煞停，什麼時候會拐彎。忽然，車身一晃，阿樂的鼻子湊到葉嵐的面頰。葉嵐抬眼望他，兩張臉直是要貼在一起。在四目交投的當下，葉嵐忍不住告訴阿樂：「今天是我的生日。」阿樂聽後有點愕然，沒有表示什麼，只是看着她像消化一個突如其來的信息一樣。葉嵐定睛看着阿樂的臉，心頭竟像有無數的兔子在蹦跳。

好不容易，兩個人擁擁擠擠的靠着經過了六個車站。到車門打開，兩人離開車廂後，才鬆下一口氣。阿樂調整背包，拉了拉上衣，跟葉嵐說：「我到了。」

葉嵐也從袋裏取出錢包，準備拍卡出閘，回他一句：「我也到了！」

阿樂看着她一臉愕然，葉嵐隨即說：「是啊，我也是住在這裏！」話畢，做了個手勢示意阿樂跟着她走。

夜比之前更涼，風輕輕地吹拂着葉嵐的頭髮，讓她的脖子在風中乍隱乍現。她看看手錶，暗想還有四小時，她的生日就這樣完結了，好像真有點可憐。他們穿過行人隧道，阿樂走在她身邊，但始終帶着距離，她不知道阿樂在想什麼，難道他真的未曾跟女孩子相處過？為什麼連生日的祝福也不送她呢？像這樣帶着涼意的晚上，其實他只要一伸手，便可牽着她走，兩個孤單的人就能分享溫暖了。不過他是規規矩矩的人，就是沒有這樣做。

很快，他們來到一個私人屋苑，那是葉嵐的住所。葉嵐望着對面的公共屋邨，那是阿樂住的地方。

「你就是住在這裏？」阿樂問。

「是啊！上次我到你家找你時候，就發現我們住得很近。我想，我的家應該可以望到你的家。」

阿樂抬頭看着葉嵐的大廈，再望望自己的單位，一臉難以置信。

「不信的話，你可以上來看看！」葉嵐以試探的語氣説着。

葉嵐留意着阿樂的神情變化，只見他一臉猶疑，似是沒有捕捉到她的意思。她覺得自己真的想得太遠、想得太多了，這個生辰，她註定是一個人的了！於是她拋了拋手上的鎖匙，以不太在乎的語氣說：「不打緊，下次吧！」

沒料到，在她說話的時候，阿樂竟同時拋出一聲：「好！」

葉嵐確是有點意外，卻裝作鎮定帶他走進屋苑。在電梯內，他們站得很近，兩手距離不夠半寸，葉嵐咬了一下唇，有點緊張。他們一直望着電梯的顯示屏，沒有說話，為了令氣氛自然一點，葉嵐開口說：「我的房間可能有點亂，你不要介意……」

她的話還未說畢，阿樂竟從褲袋裏掏出手機，開了錄音功能。葉嵐見狀，知道阿樂該是不太相信眼前發生的事，大概以為自己又活在幻覺裏了。於是她把他的手機取過來，對着手機說：「我是葉嵐，我是葉嵐，我是真的。」眼睛裏盡是柔情蜜意。

阿樂跟着她慢慢踏出升降機，她熟練地用鎖匙開啟大門。門開了，葉嵐終於壓抑不了內心的激情，轉身捧着阿樂的臉，親吻他。阿樂起初不知所措，但慢慢也跟隨了葉嵐的節奏，跟她擁吻起來。葉嵐的吻充滿佔有和慾望，阿樂的卻是帶着青澀與柔情。當葉嵐想把阿樂拉進屋裏時，阿樂卻突然驚醒似的，忽然放開她。

葉嵐當下呆住了，不明所以。只見阿樂匆匆拋下一句：「我還是先走了！」便頭也不回，直衝進升降機內。這時葉嵐才如夢初醒，驚覺自己剛才的鹵莽。她進了屋，關上門，把臉埋在大門上，她完全無法理解自己怎麼會讓衝動蓋過了理智！

房間還是一片黑，嘴唇還有親吻後的餘溫。她連忙取出手機，給阿樂發了個訊息：「Sorry！嚇倒了你。我是你的輔導員，不應該這樣。」

葉嵐寄出訊息後，依着書桌，望出窗外，尋找阿樂所住的單位，等待他的回覆。過了一陣子，阿樂回覆她：「放心，我不會跟服務處的人提起。我只怕連累你，我是病人。」

葉嵐歎了一口氣。怎麼這個人真是如此善良？老是想着別人的好處，連一點怪責她的語氣也沒有？竟還擔心自己是個病人，會連累她！葉嵐心裏還在盤算該怎樣回覆，手機又再傳來訊息：「你真的看到我的家？燈在閃的那一家。」

葉嵐走到窗前，遙望着對面的大廈，真是看到對面的單位白燈一閃一閃。她隨即把窗前的燈開了又關，關了又開。

兩個單位本來就隔着一條高速公路，如今卻像大海裏兩座立着的燈塔，一晃一晃的，打着只有它們能明白的訊號。遠遠樓宇，燈火通明，只有這兩盞燈若斷若續，心有縈思。

沒多久，葉嵐又收到訊息，上面寫着：「生日快樂。」

葉嵐甜絲絲地笑着，打下「謝謝你今晚陪我，我很開心！>3<」。她一面打着訊息，一面返回書桌坐下；甫一坐下，見到桌上那條她問Rex取回的鎖匙。她掙扎了一會，實在不忍心再撩動阿樂，於是把打好的訊息刪去，只剩下「謝謝」兩個字，發了

出去。

今夜確是太涼，葉嵐的心像潮水時漲時退，浪頭推湧，浪頭退去，濺起的浪花又重新歸回大海。她看着桌子上堆滿的參考書，全是佛洛伊德、阿德勒、榮格的理論，她想要是有天能把它們讀完，會不會她就能讀懂自己的心，不那麼寂寥了？

12

夜涼如水，葉嵐躲在被窩裏不想起來。她抬頭看了看窗，天色灰濛，周遭的景色都是一片魚肚白，更教她提不起神來。她在牀上摸了一摸，找到手機，手機沒有短訊，卻提示她今天約了阿樂做研究，看來她不能放肆，不可賴牀了。自那天以後，她跟阿樂又回復平常的相處，就是輔導員與接受輔導者之間恰如其份的關係，兩人見面，誰也沒有再提起那天晚上發生的事情。她繼續她的專業研究，他繼續提供資料。

葉嵐梳洗後，在牀上呆坐了一會，隨便喝了一盒鮮奶，便出門去了。這天，葉嵐想阿樂回到一些跟他幻覺經歷有關的地方，於是阿樂帶她來到一個叫「蝴蝶」的輕鐵車站，講述自己的病發經歷。葉嵐跟在他身後，一面聽，一面拿着筆記簿記錄。阿樂提到自己第一次遇見欣欣，欣欣就是在這裏下車，他那天是多麼害怕會錯過與她相認的機會；到後來，他跟欣欣重遇了，他們之間的快樂回憶好像大部分都在這裏發生。可惜，快樂的日子卻像蝴蝶一樣飛走了。

阿樂坐在月台的椅子上回憶着，葉嵐沒坐下，一直靜靜地觀察他。阿樂摸摸椅子，說那天發現欣欣是幻象，就是在如今他坐着的位置，說到當中的細節時，他不禁搖頭苦笑。他徐徐告訴葉嵐，自從知道自己病發後，他一直不敢再來，通常都是早一站或遲一站下車，説着説着，有點黯然神傷，最後更靜了下來閉口不言。

葉嵐感覺到阿樂內心泛起陣陣傷痛，雖然他外表看起來沒有激動，沒有起伏，只是靜靜地消化曾經發生的一切，不過葉嵐也是經歷過傷痛的人，自是很能體會他那種無法對常人言明的哀傷。於是她放下了筆記簿，走到阿樂身邊，憐惜地摸了摸他的後頸，想要給他一點安慰。阿樂抬起頭，樣子像是五味雜陳，葉嵐見到很是不忍，便放下手，跟他相隔一個人的距離坐着，希望能陪伴他，分擔他的憂傷。

過了片刻，葉嵐看着遠處迷濛的天色問他：「你最喜歡欣欣什麼？」

「我喜歡她的真！她永遠不會欺騙我。」阿樂自嘲似的笑着説。

葉嵐聽到後呆了半晌，心頭也像落下一塊灰色的布幕。

跟阿樂面談後，他們約好了下週輔導的時間，便各自離去。分別後，葉嵐乘巴士前往香港大學，今晚她還有研究生的課堂，早點回校到圖書館列印筆記，借一些參考書，讀幾篇學界發表的期刊也是必須的。在車上，她看着不斷後退的風景，消化着阿樂的説話，「真」這個字好像離她好遠。阿樂不就是因為情真，才會在感情上承受苦痛嗎？至於她，過去承受的苦痛太多了，母親的無情、Uncle Wong 的獸行都教她不敢回憶，她才不要自己在愛情方面也受苦！不過要是問下去，她後來跟那麼多人有過感情，當中自然不乏種種的計算，她還能毫無保留地掏出自己的真心嗎？畢竟她總能分辨有好感跟真心是截然不一的事，但她還能付出真情嗎？她實在不知道。

當過海巴士進到海底隧道，她便從沉思中抽離了。研究生的課堂通常都是集中在晚上六時半至九時半這時段，課堂完了，葉嵐揹着袋，捧着參考書準備離開。本來她沒打算要找 Simon，不過當她經過連接教學大樓的玻璃天橋時，卻遠遠見他正從辦公室走出來。他一邊鎖門，一邊拿着手機回覆訊息，葉嵐見到他有點猶疑，最終還是走到他跟前。

Simon 看到葉嵐，有點欣喜，環顧四周確定沒有其他人，便一臉不好意思的說：「這幾天我都沒法出來，很抱歉！過兩天吧！那天課堂後我有幾小時空閒，看你方不方便。」

葉嵐看着他，腦裏浮現剛剛在巴士上叩問自己的問題，於是徐徐跟他說：「不如你以後不要再上來了。」

「不上來？去哪兒啊？你家最安全了！」

「我的意思是我們不要這樣下去了。」

Simon 沒料到葉嵐會這樣提出分手，環視四周，確定無人時便以探問的語氣問她：「你有新戀情了？」

葉嵐搖搖頭，她很清楚 Simon 只是她的戰利品，而 Simon 對她也不見得是一片真心，所以她平靜地回道：「不是。我只是不想繼續這種關係。」

這時，一個學生從天橋的入口進來，經過他們身邊，Simon 立刻停下來，不說話。他消化了幾秒，俟那學生離開了天橋後，便以彷似明白了什麼的語氣說：「OK！無問題！」一邊說，一邊手插褲袋闊步離開。Simon 本是個聰明人，又有家室，自然不會糾纏。一個大學教授忽然給學生甩掉，感到不忿亦是正常，但為了維護個人形象，怎的也要表現對學生的關心，於是他回頭跟葉嵐說：「我的研究計劃會找其他學生完成的了，你也不希望尷尬吧！」

對於結束一段關係，葉嵐沒有太大不適應，只是想到 Simon 這個有社會地位的學者，口裏說關心她的感受，實質還是借機報復。葉嵐見過的人很多，能分辨出 Simon 是話中有話的。這刻，她忽然想起阿樂，阿樂總是表裏一致，即使自己鹵莽地親了他，他還是沒有想到自己，只關心她會否受到影響。兩者一比，更顯得阿樂的可貴。

葉嵐回到家，梳洗了後，站在窗前看了一陣子，阿樂的單位已經關上了燈。她跳到被窩裏去，從文件夾中取出阿樂的「功課」，讀着他寫與幻覺相處的經歷，在腦裏自然拼成連串畫面。

長堤兩邊是昏黃的燈，盡頭的燈塔亮着醉人的光，阿樂和欣欣走在海濱的長堤上。貨船駛過時，海面會翻起細浪，放眼望去有飛機從赤鱲角機場升降。欣欣背着羽毛球拍走在阿樂前面，海風送爽，她的馬尾在她走路的時候輕輕搖擺，很是好看。阿樂吞吞吐吐的，不知怎樣開口，最終鼓起勇氣問欣欣，覺得他為人怎樣。欣欣回頭看他，一臉俏皮的説雖然他不及彭于晏帥氣、健碩，不過還是可以接受的！

可是阿樂始終擔心欣欣會介意自己的病，追問她有沒有什麼她知道後會接受不來。欣欣想了一下，大着膽子問：「難道你已結婚？」阿樂急忙澄清，説這是不可能的事。欣欣聽了，心立時安定了，看着阿樂微微一笑，她完全相信阿樂，甚至從來沒有懷疑過他！欣欣堅定地告訴他，哪管他是癲是傻，她都愛他。欣欣伸出兩手把阿樂環抱着，他也將欣欣緊緊抱在懷裏。船在他們面前駛過，如同將要遠航；阿樂兩腳立在地面，抱住眼前人，他哪裏都不想去，因為眼前的欣欣就是他今生所有。

葉嵐讀到這裏，竟有一種酸溜溜的感覺，雖然明明知道自己是欣欣的雛形，不過她感覺自己比起一個幻象，有太多的缺點和陰暗面。這時一股好勝心又在她心頭冒起，她相信一定有方法可以幫助阿樂徹底忘掉欣欣，甚或可讓自己取代欣欣。她看着牀上攤放着的書，思考如何幫助阿樂展開新生。

13

不經不覺，葉嵐已經替阿樂輔導了一個月，Dr. Fung 為了跟進葉嵐的研究，安排了一次觀課活動，既是評估她的研究進度，亦希望藉此提升她的輔導技巧。下午的觀課活動，Dr. Fung 安排了其他研究生一同列席，如果是普通學生的觀課，一般都只會有論文導師在場，不會讓他人旁聽；但這次 Dr. Fung 邀請了其他同學在場觀察，想借葉嵐的輔導作一個示範，葉嵐知道 Dr. Fung 對自己的期望很高，更是不能讓 Dr. Fung 失望。

葉嵐很早便起來了，窗外天色晴朗，天空明淨得像水洗過一樣，她覺得蔚藍的天空正是一個好兆頭！她換了一身素淨打扮，穿了一條純白色連身裙，刻意找了一件深藍色長身外套搭配，看起來既端莊，又清秀。她在鏡子面前深呼吸一口氣，為自己今天的表現打氣。

葉嵐約了阿樂在大學的教學樓外等候，明明她比原定時間早到十五分鐘，不過阿樂比她還要早。她遠遠已看到阿樂今天的造型很不一樣，平日他總是穿運動服，上身套一件衞衣，今天卻穿了一件深藍色恤衫和卡其色西褲。葉嵐不禁想，怎麼阿樂跟她這樣有默契，連衣服的顏色也像事前約定一樣。

阿樂正站在大樓外的玻璃前整理頭髮，透過玻璃倒影似乎可以見到葉嵐的身影，於是轉身看她，跟她微微一笑。這時葉嵐面對面看到阿樂，直是沒法把眼睛轉到別處，她覺得阿樂整個人在放光。他刻意抓了頭髮，把額前的頭髮梳到後面，連恤衫也熨得筆直，一臉帥氣，直是教人眼前一亮。

阿樂給她這樣看着，顯得不好意思。葉嵐立時跟他說聲午安，問他吃過飯沒有，化解當下的尷尬。她一邊說話，一邊推開玻璃大門，走進教學樓，阿樂則跟着她走到升降機大堂。他們進到升降機後，葉嵐按了「十」，再按關門掣。沒想到，這時 Rex 剛好趕上，他按住升降機的門，門開了，看到葉嵐在裏面很是欣喜。他隨即留意到阿樂站在葉嵐旁邊，於是好奇地上下打量着阿樂。

葉嵐看到阿樂被 Rex 看得有點不自在，於是大方地向 Rex 介紹：「我 client，論文研究的對象。」

阿樂跟 Rex 握手，Rex 也跟阿樂握手。

「阿樂。」

「Rex，葉嵐同學。」兩人各自介紹了自己。

大家也沒再說話，葉嵐站在中間，氣氛有點尷尬。沒多久，升降機來到十樓，他們踏出升降機。葉嵐走路時刻意跟阿樂保持距離，Rex 雖然走在後面，不過葉嵐仍能感覺到他的眼睛一直注視着自己。

葉嵐跟 Dr. Fung 打過招呼，便帶阿樂進輔導觀察室去。大學的輔導觀察室與一般輔導室的設計分別不大，只是房間裝了攝錄機，通過鏡頭可直播輔導的過程，Dr. Fung 跟其他研究生便是坐在輔導室隔壁的教室裏。

阿樂坐在沙發上，有點緊張，不時看着攝錄機，又環視房間四周的擺設。他的腰板坐得很直，兩手拘謹地放在大腿上。葉嵐坐在阿樂對面的沙發上，她也比平常緊張，坐姿不住變換，兩腿左上右下、右上左下的蹺來蹺去。當她把需用的筆記、文具都準備好後，便開始說話了。

「這是一次模擬輔導，與平日有點不一樣，在輔導室的另一邊有我的導師及心理學系的同學進行觀察，今天輔導的主要目的是用作評估我的輔導表現，藉此改善輔導技巧。今天的輔導內容絕對保密，如果有任何原因，你在中途想暫停，也可以隨時提出。」

阿樂看着葉嵐，點頭示意。

「這星期過得怎樣？」葉嵐以親切的語氣開始輔導。

「不錯。」

「還有失眠嗎？」

「少了。」

「很不錯啊！有沒有想過是什麼原因、發生什麼事？」葉嵐流暢地跟進。

阿樂的眼望膝頭，左手拇指夾着右手拇指，像是有些難以啟齒。

「不想説？」葉嵐輕聲問。

阿樂望了望鏡頭，又轉過頭看着葉嵐，似在暗示很多人正在觀察着他們。葉嵐明白阿樂的意思，隨即安撫他説：「我明白，今日的環境可能令你不習慣，如果不行，我們可以在這裏暫停。」話畢，她合上筆記，把筆記放在茶几上。

阿樂見狀，立時開口：「不用，我可以的。」他思想了一陣子，輕聲説：「我喜歡了一個女生。」

葉嵐沒想過阿樂會這麼坦白，她當下自會想到那個女生就是自己，不過她必須壓抑着自己的反應，裝作鎮定地説：「愛情是會帶來正能量的。你感覺如何？」

「但我跟她應該無可能。」阿樂立時解釋。

「為什麼？」

「我不配。」阿樂説話的語氣是斬釘截鐵的，葉嵐能感覺到他在杜絕自己的幻想。

葉嵐沉思片刻，未有回應。過了一陣子，便轉換了話題。「你之前提過的夢，這星期還有夢見嗎？」

「有。」

「那麼夢境有沒有什麼不同？」葉嵐決定再一次從夢境入手。

阿樂一下子不明白葉嵐的用意，但仍然合作地閉上眼，努力回憶着。「黑羊依然在墳墓裏，眼神驚恐，頸上還有之前女孩捆綁牠的花圈。有一個小男孩出現，他穿着禮服，走到女孩身邊，抱住女孩親吻。站在墳場四周的賓客，見到這個畫面都拍手歡呼，更在墳場四周撒花瓣慶祝。然後男孩開始對着墳墓撒沙泥，其他賓客也拿起鏟子向着墳墓鏟泥。沙泥落在黑羊頭上，黑羊害怕得不斷顫抖，畫面一黑，我便驚醒了。」

「有沒有想過，除了黑羊，那個小男孩也是你？黑羊是現實中的你，你覺得黑羊很醜，不值得被愛。而男孩是活在幻覺中的你。欣欣留給你的，不只恐懼，還有快樂，但你知道，只有活在幻覺的你才可以跟欣欣一起，於是你決心將黑羊埋葬。」葉嵐有備而來，以肯定的語氣剖析着，她深信透過分析阿樂的夢，可以解決他最核心的問題。

「你的意思是，活在幻覺中的我想將現實的我埋葬，令我永遠走不出來？」阿樂的手指放在嘴唇之間，似乎一下子接受不來。

「你覺得呢？」

阿樂的身體靠前，沉思着，沒有說話。

「墳場可以象徵你媽媽，你覺得無人比她更愛你，你不捨得她，想逗留在她身邊。但墳場亦可以象徵永恆，婚禮在墳場發生，表示你對愛情的期望，希望可以跟伴侶終老。這個夢比真實世界更美好，所以你不想醒來，想埋葬現實世界的自己，其實你仍然不想忘記欣欣，對嗎？」葉嵐迫阿樂正視自己的內心。

「我已經知道她是幻覺，我很想忘記她。」阿樂睜大眼睛，急忙澄清。

「意識上是這樣，但潛意識裏不是。我問的是你的心。」葉嵐堅定的說。

葉嵐從茶几上放置的一個文件夾中取出阿樂的功課，她的語氣忽然變得溫柔起來。「這是你交給我的功課，你寫得很投入，我完全感受到你對欣欣的愛，我看的時候甚至以為這些都是真實發生過的。但今日，你要承認，這些全是幻覺，是假的！做一個儀式，撕了它，丟掉它，在現實世界裏找尋真正的愛情。」

葉嵐看着阿樂的眼睛，把「功課」交給他。阿樂的眼珠子左右轉動，徐徐伸出手接過來，看着上面的文字。他的眉向上揚起，遲遲沒有行動，葉嵐如同看到小男孩望着被泥土埋着的黑羊在猶疑。葉嵐把身體靠向前，用誠懇的眼神鼓勵他。終於，阿樂接過葉嵐的眼神，鼓起勇氣，把「功課」撕成兩半。葉嵐跟他淺笑，阿樂也喜悅的笑了。

「現在覺得怎樣？」葉嵐帶笑的問。

「好像看到小男孩將黑羊從墳墓裏拉出來，黑羊活動自如，小男孩抱擁着牠，有點溫馨。」

「很好。很好。」看到阿樂決心忘掉過去，跟自己復和，葉嵐也感動得不知所言。

輔導就在這裏結束了。葉嵐和阿樂不約而同望着窗外的天空，天空澄藍，雲很薄，遠處的大樹上葉子青蔥，她第一次看到阿樂的笑容是這樣輕鬆。阿樂回過頭看她，兩人相視而笑，之後阿樂便拿起背囊準備離開。葉嵐走到輔導室門口跟他道別，表示自己還要跟導師檢討輔導過程，不能送他。阿樂點點頭，跟她說了聲加油，她站在門口看着阿樂離去，心裏竟有些不捨。

沒多久，葉嵐聽到 Dr. Fung 從隔壁課室走進來的聲音。她馬上整頓心情，恭恭敬敬地站在門口迎接她。Dr. Fung 一進來，便盯着她，眼神直像有穿透力一樣，葉嵐嚥了一口，不知 Dr. Fung 會否發現她和阿樂之間的什麼，只跟着她走到沙發的位置。

Dr. Fung 坐下來，坐在葉嵐剛才輔導阿樂的位置，然後示意葉嵐關上攝錄機。葉嵐小心翼翼地把攝錄機關好，拉了一把椅子坐在 Dr. Fung 旁邊，取過茶几上的筆記，拿着筆，靜心等待 Dr. Fung 的判詞。

Dr. Fung 托了托眼鏡，以教訓的口吻説着：「剛才你太主導、太進取了！你好像迫client一定要忘記他跟幻覺的經歷。我們的工作只是幫client看清楚自己的想法，而不是迫他做決定。他在現實中還未找到愛情，你硬要拿走他對幻覺的依賴，這樣做很危險！」

「Sorry！我的確是心急了！」葉嵐捏着雙手，緊張得手心滿是汗。

「你應該看出他對你有『移情』的傾向吧！」

葉嵐聽到這裏，心頭一顫，卻裝作鎮定的説：「他將情感投射在我身上？我沒什麼經驗，不太確定。」

「『移情』是很普遍的，如果你懂得處理，這個經驗可以作為你個案分析的一部分。不過要小心『反移情』，不要對他有錯誤的情感投射，要不時觀察自己，有什麼需要隨時告訴我！」

「知道。」

「整體而言做得不錯，做輔導需要累積經驗的。加油！」Dr. Fung摘下眼鏡，終於展露笑容。

「多謝Dr. Fung！」葉嵐第一次聽到Dr. Fung稱讚自己，很是興奮，連忙笑着感謝她。

得到Dr. Fung的鼓勵，葉嵐喜上心頭。回想起來，這幾個月要面對的困難可不少，她差點還以為這個研究會胎死腹中，如今得到 Dr. Fung 的肯定，便知道自己的努力沒有白費。而最令葉嵐鬆一口氣的，是 Dr. Fung 並沒有發現她對阿樂的感覺，已不是純粹輔導員與受輔導者那樣簡單。不過，當下的葉嵐只希望寫好論文，儘快考獲臨牀心理學家的資格，至於她跟阿樂會不會發展，她也不容自己想太多！

葉嵐收拾好個人物品，便離開房間，經過學系辦公室的時候，看到 Rex 站在門口，看樣子是刻意等她。葉嵐不想搭理他，一個箭步出了門，Rex 從後追了上來。

「你剛才看他的眼神，跟你最初看我的眼神是一樣的！」Rex 在葉嵐身後喊着。

「我不知道你在説什麼。」葉嵐沒理會他，繼續向前走。

「你傻了嗎？跟 client 發生感情？你有沒有想過後果？給學校發現了，會開除學籍的！」Rex 沒理會葉嵐的説話，一直纏着她質問。

葉嵐覺得很厭煩，停下來，怒瞪着 Rex 説：「我們已經分開了，我的事跟你完全沒有任何關係的了！」

經葉嵐這麼一説，Rex 沒再追上前，遠遠大喊一聲：「你不會變的，你只會多害一個人呀！」

葉嵐沒再理會 Rex，更不想跟他糾纏，但她心裏明白，Rex 的説法一點沒錯，她的確是踩在模糊的界線上。但如果阿樂「移情」到自己身上，她能幫助他在現實裏勇敢去愛，那不是一件美好的事情嗎？過去也有不少心理學家與受輔導者互生情愫的案例，也是可以幫助受輔導者走出陰霾，重獲新生。雖然不容於制度，但確是有成效啊！輔導員與受輔導者之間的交流，也是建基於真誠的相處，也是真實的感情，為什麼一定要用「移情」、「反移情」這些帶有判斷的專業用語來解釋呢？他們就不能像平常人一樣因着認識對方，慢慢產生好感嗎？葉嵐不斷質疑，反覆思考。

忽然她收到阿樂的短訊：「很想答謝你，約你在屯門碼頭見面可以嗎？」

我們

1

阿樂在屯門碼頭的海濱長堤坐着，已經坐了兩個小時。本來太陽在天空裏是一團不成形體的白光，但隨着時間轉移，它已收起熾熱，如今只要抬頭，就能在橘藍色的天空上清楚看到太陽散射的光芒。長堤上的人不多，都是在慢跑或垂釣的人，間或有穿着校服的學生三五成羣在聊天。每當有人在阿樂身邊經過，他都會轉身回望，希望那是葉嵐的身影。不過阿樂心裏並不着急，無論多久，他都願意等待。

海濱長廊種着一排排宮粉羊蹄甲，雖花期已過，但葉子依然葱鬱。海風吹過，葉子翻動起來，一忽兒綠，一忽兒金黃，煞是好看。在母親患病的時候，他常常陪她來這裏看海，但母親不能吹涼風，所以他們總是在白花花的太陽下，坐在涼亭看人們垂釣，看海面翻起魚鱗般的細白浪花。他忽然想，欣欣的出現就是緊接在母親離世之後，似乎母親的離開於他是個重大打擊，所以才會出現幻覺。不過事情已經過去了，現在的他前所未有的輕鬆，相信在天上的母親看到他漸漸釋懷，也會替他感到欣慰吧！

當阿樂對着大海想念母親的時候，葉嵐剛在屯門碼頭的巴士總站下了車。她走到海濱長廊，見到客運碼頭，自從搬到屯門以來，她還是第一次來屯門碼頭。原來這裏有渡輪直達澳門，這對她來說實在是新奇的發現。她沿着海濱長廊一直走，心裏很焦急的想見阿樂。記得唸高中的時候，她跟婆婆同住，放學後總是不想回家，常常獨個兒到觀塘碼頭去，買一罐可樂，就在碼頭坐上一陣子，思考人生。不過，考進港大以後，她真的未曾這樣閒過，雖說好幾次要到觀塘碼頭走走，但一直忙着拍拖、追ＧＰＡ、當家教賺外快，這個想法自然沒有實踐，連港大附近的西環碼頭也沒去過一趟。如今，她終於來到海邊，就像圓了一個心願。

葉嵐一邊走，一邊四處張望，尋找阿樂的身影。她雖然是第一次來，但好像已經知道自己要去的地方。海濱長廊旁邊，有幾個伸向大海的瞭望台，人們走在上面，好像站在海面上看風光。遠處是大嶼山，有幾艘輪船來往，地平線上有飛機升降，這些景色，跟阿樂筆下所寫的真是一模一樣。葉嵐在心裏盤算着，見到阿樂，該說什麼呢？應該讓他知道自己的喜悦嗎？阿樂已經跟她表明喜歡了一個人，如無意外，那個該就是自己吧！如果放下輔導員的身分，讓他重新認識自己，他倆或許真會交往啊！但她知道自己決不會放棄輔導員的身分，況且，阿樂是剛康復的人，不同其他男人，她再提醒自己不能對阿樂動心。

想着想着，她已經沿着海濱長廊，走到露天的圓形廣場。廣場旁邊便是防波長堤，長堤一直由陸地伸延到海中心，可以看到黃金海岸和船隻停泊在避風港。她遠遠看到阿樂在長堤上彎下身，放下罐頭，有幾隻貓兒在他旁邊監視，和提防，似乎在靜候時機，等阿樂一轉身便要撲上前把食物叼去。葉嵐遠遠的看着這個畫面，覺得阿樂與貓，相映成趣，很是可愛。

葉嵐腳步放慢，猶豫要不要過去驚動他，最終還是走到阿樂身邊。貓兒見到她，立時躍身跳到岩石與岩石之間的縫隙去。阿樂轉身看見葉嵐，綻放出陽光般的笑容。這時，在葉嵐身後的夕陽，已經為天空塗抹了一層柔和的橘紅，隨着海風吹拂，她的頭髮在風中飛揚。阿樂抬頭，看到葉嵐修長的臉蛋，在夕陽下，她的皮膚白裏透紅，臉上嵌着一雙烏黑的眼睛，眼睛裏流露着笑意。

阿樂慢慢站起身來，用紙巾把手擦乾淨，輕輕跟葉嵐說了一句：「你來了！幸好你能找到這個地方。」葉嵐笑了笑，沒說話，心裏竟像有無數浪頭在翻湧一樣，只見阿樂沒有向她靠近，從背囊裏拿出一條長披肩交給她。葉嵐拿在手中，才想起這是自己遺失多時的披肩。

不知是否因為夕陽的餘暉，葉嵐覺得阿樂的臉確是有點紅。他開口道：「這是那天你披在阿玲身上的。我之前一直保存着，不敢還給你，我知道一旦把披肩還你，我就必須承認當天我遇到的人不是欣欣，而是你。但經過今天的輔導，我覺得我真的可以完全放下她了！謝謝你！」

葉嵐聽到後嫣然一笑，打開披肩，把披肩搭在身上。知道阿樂已經放下過去，她除了替他高興，更有一絲甜蜜在心頭。夕陽在他們身後斜了一度，把他們的身影拉得很長，兩個影子慢慢沿着海邊的長堤一直走。他們走走望望，時而看着天色，時而低頭尋找貓兒的蹤影；不過在海邊生活的貓都很機敏，聽到人們的腳步聲，都會急地躲起來，倒是石縫間有冒失的龍蝨，不識趣地爬出來，不時把葉嵐嚇倒。

阿樂見狀，連忙跟葉嵐換了位置，拉她走在長堤中間，自己則靠着石縫那邊走。他不怕龍蝨，只怕葉嵐不願意跟他走下去。

「你輔導的時候，好像是另一個人。」阿樂主動打開話匣子。阿樂腦裏想到的，是那天輔導後他遠遠跟在葉嵐身後，發現她走路時只低頭看手機，沒有注意路面情況時的冒失。

「我其實比較喜歡替別人輔導時的自己。跟 client 分析問題時，頭腦總是很清晰的；但放下這個身分，迷惘的時候可多着呢！」

「我還以為讀心理學的人都是很認識自己。」

「你沒聽過嗎？能醫不自醫啊！」葉嵐想到自己不禁失笑。

「也是與你媽媽有關？」

「在我十四歲那年，她便去了美國留下我一個。那時我不懂得處理情緒，不開心便鎅手傷害自己。後來給學校的社工發現，自然就成了輔導組的個案。起初我覺得社工很煩，但後來跟他們聊多了，覺得他們的說話也不無道理，就再沒有鎅手了。」葉嵐刻意抹掉媽媽離開後，她胡亂拍拖的經歷。她的不開心除了因為母親離開，多少也跟自己投入過幾段關係但仍無法消除不安有關。

「所以你決定修讀心理學？」

「臨牀心理學家可以賺很多錢啊！」葉嵐迎風笑了幾聲。「我喜歡見 client 的感覺，比見朋友時自然得多。」

「你覺得自己像刺蝟，怕跟身邊人走得太近？」阿樂看着葉嵐問道，其實他心裏想問她怕不怕跟自己走得太近。

葉嵐被阿樂這麼一問，一時不好回答。海風呼呼的吹，她輕巧地把一綹搔着她鼻子的髮絲撥到耳後，露出白皙的耳珠子。她對着大海，沉思了一會，慢慢哼出了歌。

「Maybe yes, maybe no...」聲音很輕很細，要是不留心去聽，不可能知道她在唱歌。

「I kind of liked it your way. How you shyly placed your eyes on me...」

阿樂起初以為葉嵐在喃喃自語，慢慢聽下去，才發現她的話好像有五音和旋律，終於他聽到葉嵐在唱歌。阿樂細心聽下去，想知道她在唱什麼，直至發現她唱的是 *Eyes on Me* 時，阿樂直是驚訝得不能相信。

葉嵐見到阿樂怔怔的看着她，便停下來問：「你知道這首歌是誰唱的嗎？」

阿樂本想立刻回答，但「王菲」兩個字才到口邊，卻給他吞了下去。他戰兢地問葉嵐：「你相信緣份嗎？」

葉嵐覺得奇怪，不知道阿樂為什麼會轉了話題，想了想，便答道：「以前我很相信緣份的，還會一直想，世上總有一個他在等着自己。所以，每次遇到會令我心動的人，都會以為他就是那個人。但不到三個月，明明當初喜歡他的地方，忽然一天會變得不順眼，然後我便急着逃走。每次戀愛，都會經歷這個循環，漸漸，我明白到，那個我一直等待出現的人根本不存在。我當然知道愛情是需要經營的。不過，我做不到。」

阿樂聽着葉嵐說話，感覺到她的無奈與唏噓。葉嵐一直看着遠方，大海滄茫，什麼也看不見。阿樂不知該說什麼來打破沉默，於是問葉嵐可否把未唱完的歌唱下去。

葉嵐點點頭，兩片薄唇微微張開，唱下去：

「Oh, did you ever know that I had mine on you?
Darling, so there you are.
With that look on your face.
As if you're never hurt.
As if you're never down.
Shall I be the one for you,
Who pinches you softly but sure...」

葉嵐在燈塔下專注地唱着，歌聲婉轉悠揚，在漸變漆黑的海面上縈繞，她唱着唱着，沒注意自己竟動了情，把心底的情感隨着歌聲釋放出來。燈塔的紅燈在轉，這紅燈好像有點警告的意味，不過葉嵐沒有理會，繼續放聲歌唱，愈唱愈投入，聲音愈來愈纏綿。燈塔的紅燈還在轉，身後的火燒雲更是愈燒愈烈，她唱着唱着，唱到歌曲最深情之處，忽然驚覺自己吐露了太多心聲，立時合上嘴巴。她偷偷瞄了阿樂一眼，只見他凝視着遠方，好像沒接收到歌詞的信息。這時，阿樂轉過臉看着她，嘴巴微微蠕動，卻沒有説話，葉嵐覺得有點尷尬，隨即兩手拍拍大腿，説：「餓了！找東西吃吧！」

兩個人往回走，經過圓形廣場，來到小巴站。上車後，阿樂在網上搜尋了一家小店，是屯門一間有名的拉麪店，葉嵐聽到很是高興，畢竟她平日吃的都是從屋苑附近茶餐廳買來的外賣飯盒，很久沒嘗過熱騰騰的拉麪，就是想想也覺得興奮。阿樂終於知道葉嵐為什麼這樣瘦，原來她平日吃的都是外賣飯盒，還要把外賣分兩天吃，難怪不長肉。

於是阿樂領路，帶葉嵐到拉麪店去。葉嵐的胃口很好，把整整一碗魚骨拉麪吃完，連阿樂碗裏的叉燒也不放過。阿樂發現葉嵐放下輔導員這個角色，不再跟進或追問他什麼時，兩個人的相處很是輕鬆、愉快。阿樂不再是純粹回答問題的一方，也可以了解葉嵐的生活、興趣和口味，她總是侃侃而談。這個晚上，他們談了許多話，阿樂跟她分享煮麪的心得、溫泉蛋的製作方法，葉嵐則跟他談了好些自己喜歡的電影，又提到《神探》和《蝙蝠俠：黑夜之神》，她覺得每個人都有多重性格，至於人性是善是惡都是個人的選擇。這一晚，兩人就在歡聲笑語中度過，他們沒有喝酒，兩張臉卻紅得像夕陽下大片豔紅的篝火。

離開拉麪店後，葉嵐本來打算乘坐輕鐵回去，阿樂説餐廳跟屋苑只有三個輕鐵站的距離，可以走路回家，當是飯後散步，認識屯門。葉嵐也不想這麼快跟阿樂分別，聽到可以發掘回家的新路徑，二話不説，便點點頭，將披肩在頸上圍了一圈，跟着阿樂走。

他們走在行人路上，旁邊是單車徑，沿路也有單車經過。阿樂與葉嵐靜靜的走着，始終保持距離。夜風清涼，風吹過，翻起大片樹葉，發出沙啦沙啦的聲音。阿樂看着樹上的葉子在翻動，他的心也像被風吹起波瀾，掙扎着要怎樣向葉嵐表白，還是放棄算了。

沒多久，他們來到一條隧道，葉嵐讀過阿樂的文字，知道那天他幻想欣欣親吻他的那條隧道是什麼樣子，於是她上前走了幾步，看看隧道的周圍，轉身問阿樂：「這裏就是欣欣第一次親你的地方？」

阿樂停下腳步，凝視着葉嵐，他抑壓了一天的感情，在這個當下終於禁不住了。他凝望着葉嵐，不再退避。

葉嵐見阿樂一動不動的看着她，緊張起來，再問：「怎麼了？」

阿樂整個腦海裏，都是今天黃昏時葉嵐迎着風，在燈塔下唱着的 *Eyes on me*——Shall I be the one for you, who pinches you softly but sure... 但他知道葉嵐有一句歌詞還沒有唱出口：If frown is shown then, you will know that you are no dreamer。於是他鼓起勇氣，一步一步走到葉嵐跟前，拉起她的手，深情地對她說：「你才是真的。」

這句話，令葉嵐的心猛地一顫，像電影忽然斷了片一樣，但過了幾秒，這震撼變成一股無法形容的溫暖在她心裏流淌。她知道這句話是那天在電梯，她在阿樂手機裏錄下來的說話。她知道阿樂一直沒有忘記，雖然那次她親吻他時他慌得要逃，但他一直將自己的說話記在心上。她再也顧不得什麼界線、專業守則了，她覺得自己跟眼前這個人已經認識很久。她知道他的過去，知道他的軟弱，也知道他對自己的關注，知道她還未認識他的時候，他已經深深的愛着她。這個人，跟以往遇見的人都不一樣。

兩個人對望着，眼眸裏盡是熾熱。葉嵐對着阿樂甜蜜一笑，阿樂得到葉嵐的回應，立時鬆了一口氣，他直是覺得自己是世界上最幸福的人。他隨即反握着葉嵐柔細的手，五指緊緊扣住她的五指，兩個人手拉手對望着，傻傻的笑，心跳同步，愛情的話語全在彼此的眼眸中。

這時，隧道上有一列輕鐵駛過，發出「叮」、「叮」的聲音，這情景夢幻又熟悉，不過阿樂知道，這一切都是真實的。

2

自從跟葉嵐走在一起，阿樂覺得他什麼都不缺了，從前的悲傷和孤獨就像洗手盆的水以逆時針的方向旋轉流去。葉嵐是他的初戀，也是他決心要全心全意愛着的人，得到葉嵐的愛，他覺得人生再沒有不圓滿的事了。縱使他知道面前會遇到難關，但他深信只要兩個人在一起，沒有解決不來的事情。

葉嵐也是這麼想的，她從來沒遇到一個全心全意愛着自己的男人，阿樂的單純與真情，往往令她覺得很不可思議。阿樂凡事都會先考慮到她，常常顧念她的事情，她知道阿樂跟她一樣都是無父無母，他倆走在一起，便成了彼此的宇宙。葉嵐總是提醒自己，真心是不應該被糟蹋的，她必須好好保護一顆完整的心。因為阿樂是不一樣的。

今天是週末，恰巧阿樂不用上班，本來想約葉嵐到郊外去，不過知道她要準備下星期的導修課，便把郊遊的打算擱置。阿樂心裏不急着要見面，他覺得他獨個兒在家裏打掃，到公園跑步，等葉嵐把功課完成後才見面也不是一件壞事。不過葉嵐心裏想念阿樂，想阿樂在家裏陪她。阿樂起初怕自己會影響她的進度，游説葉嵐要乖乖聽話，但阿樂又怎會説得過她？他一時心軟，便答應葉嵐的要求，下午到她的家裏陪伴她。

阿樂知道葉嵐的家連鐵鍋也沒有，於是到菜市場買了葉嵐喜歡吃的栗子，在家裏燒了一窩栗子燜雞，把食物包好，盛了兩碗白飯，便送到她的家去。葉嵐吃着阿樂弄的飯菜，吃得津津有味；飯後她正想躺在牀上休息的時候，阿樂拉她坐在電腦前完成習作。雖然一張空着的大牀橫在客廳，但阿樂總是規規矩矩的，牀對他來說成不了誘惑，因此葉嵐也沒想其他事情。在葉嵐做功課的時候，阿樂戴着耳機重看足球賽事，一點聲音也沒有。當葉嵐累了，說要出去伸展一下，阿樂便建議到附近的公園逛逛。

週末的公園，實在是孩童的天地。許多遊樂設施都給孩子佔據着。葉嵐看着鞦韆、滑梯附近都是奔跑的孩童，更是不想走近。她告訴阿樂，她小時候玩的都是鐵皮造的長滑梯，從高處滑下來很刺激，這裏的滑梯卻是塑膠造的，而且短得很，自是對這裏的玩意不感興趣。阿樂聽到葉嵐彷似在投訴，便笑了笑。他腦裏飄過一個念頭，旋即把將葉嵐抱起，將她放在「氹氹轉」上面，自己在外邊快速推着「氹氹轉」跑。葉嵐沒預料到會給阿樂成功突襲，便坐在「氹氹轉」上叫嚷，豈料阿樂一躍身，自己也跳到「氹氹轉」上。世界在轉，風景在轉，阿樂抱着葉嵐，葉嵐一邊喊說：「要暈了！要暈了！」臉上的笑容卻是前所未有的燦爛。

公園裏的孩子，見到阿樂和葉嵐笑得這樣高興，也跑過來，蠢蠢欲動想要加入。阿樂看到孩子們渴望的眼神，示意他們上來一起玩。葉嵐看到四、五個孩子同時跳上

「氹氹轉」，急地跳到地上去。阿樂沒有離開的意思，一直叫她一起加入，葉嵐搖搖頭跑開，在公園找了一張空着的長椅坐着，示意阿樂陪孩子玩便可。

阿樂跟孩子們數了三聲，叫他們扶穩把手後，便快速推着「氹氹轉」跑起來。孩子們感覺到旋轉的速度，興奮得哈哈大笑。有一個身形略胖的孩子，似是要挑戰膽量，忽然在「氹氹轉」上站起，往下一躍，阿樂見狀，恐怕孩子會摔倒，便在他躍下來時抱着他。孩子給阿樂抱住，隨即阿樂又抱着他拋了一個圈，孩子哈哈哈的忘形笑着。「氹氹轉」轉了幾個圈後減慢了速度，其他孩子紛紛叫嚷：「快點！快點！」阿樂放下男孩，又拉着「氹氹轉」跑了幾圈，然後自己也跳上去，在「氹氹轉」上向葉嵐揮手。葉嵐看着阿樂，覺得他真是一個大男孩，知道他在玩的時候也是掛心自己，心裏自是覺得甜蜜，也向阿樂揮手微笑。

阿樂跟孩子玩過「氹氹轉」後，又隨即玩了「俯衝五十米」的遊戲，幾個孩子排列成一直線，用盡全力跑向終點。阿樂化身評判，裁定誰勝誰負。比賽開始，總有幾個身手矯健的孩子跑得特別快，落後的孩子自然不甘服輸，又要阿樂重賽。阿樂招手，想叫葉嵐一同過來玩，怕她一個人坐着會覺得悶，葉嵐起初搖搖頭，雙手打了個交叉手勢，因她沒跟孩子玩耍的經驗，總覺得跟孩子玩樂，與自己的個性是格格不入。後來見阿樂連連招手，不忍拒絕，便勉為其難走到阿樂身邊去。阿樂讓葉嵐站在終點線，自己走到孩子那邊跟他們一起跑，葉嵐數了三聲：「On your mark. Set. Go!」阿樂和孩子們便一窩蜂跑到她跟前，阿樂當然是跑第一，引來無數孩子跑着追打他。阿樂拉着葉嵐的手，在公園裏一邊跑，一邊躲避孩子們的追擊，兩個人手挽手跑起來，直像《畢業生》的電影海報一樣。

到他們停下來後，葉嵐呼呼的喘着氣，她好像很久沒有玩得這樣忘形，這樣開懷了。經這麼一跑，阿樂額上滿是汗珠，他拉着葉嵐的手不放，用她的手為自己擦汗。葉嵐笑着把手縮開，兩個人又糾纏了一會，最後葉嵐放棄掙扎，兩手捧着阿樂的臉替他擦汗。葉嵐看着阿樂的眼睛，清純得沒有雜質，她跟自己説，阿樂是不同的，這段感情定會跟以往不一樣的。

3

阿樂知道葉嵐每星期四晚上有課，為免葉嵐放學後不吃飯，他總是在輕鐵站附近的大排檔等她。葉嵐晚上九時半才下課，回到屯門往往將近十一時，不過阿樂一點也不介意，他寧願晚一點睡，也不要葉嵐餓着肚子回家。

不過今天葉嵐心情好像有點煩躁，不知跟屯門公路塞車有沒有關係。阿樂與葉嵐找了個靠近馬路的位置坐下來，侍應看到他們，急忙把茶水送上。阿樂倒了茶，將餐具放在自己的水杯裏，又為葉嵐倒了一杯熱茶。葉嵐的臉容繃緊，默然不語。未幾，手機震動，她隨即拿起手機，走到馬路一邊接電話。

可能因為地面凹凸不平的緣故，當輕鐵駛過，在路軌留下低沉的嘶叫聲時，杯子便沿着水漬從一處滑到另一處。阿樂看着移動的水杯，沉思了一下，才把水杯放回圓桌中央，抬頭看着葉嵐的背影。

「我知道你幫了我很多，我們可以做朋友……如果我令你誤會了，很抱歉！」葉嵐說話時，一直低着頭看着自己在地上的影子，來來回回的踱着步，直到轉身看到幾米外的阿樂原來一直望着自己，便乾脆再走遠一點，離開阿樂的視線範圍。阿樂感到葉嵐好像有意要避開自己，有點沒趣的回過頭來，無聊的看着輕鐵、路軌、行人、交通燈，甚至桌上的水漬。

未幾，葉嵐終於回來，甫坐下來便拉着阿樂的手。

「阿 Joe 找我。」

「他找你有事？」

「他不斷問我有沒有空，想我跟他吃飯。」

「你答應了他？」

「傻的嗎？跟你一起後，我不會跟其他男人約會的了！」

葉嵐輕撫阿樂的頭髮，笑着問：「傻瓜，想吃什麼？蒸桂花魚好嗎？」

阿樂有點驚奇，葉嵐竟然知道自己喜歡吃蒸桂花魚。阿樂點點頭，葉嵐慢慢鬆開阿樂的手，拿着餐牌，走進大排檔點菜。阿樂看着她的背影，覺得自己真是想多了，還以為有什麼大事發生。

過了不久，葉嵐拿着一支可樂回來。坐下之後，一直拿着手機打訊息，然後把手機面朝下放在桌上，皺着眉頭，臉色發暗。阿樂不明白葉嵐怎麼前後判若兩人，明明剛才還是挺愉快的。

「菜點好了？」阿樂溫柔的問。

「什麼？」葉嵐一臉惘然，然後翻開餐牌在研究。

阿樂覺得奇怪，怎麼餐牌又在桌上出現？不過這不重要了，他只想知道葉嵐有什麼心事，於是他問道：「剛才有事嗎？」

「沒什麼特別。」葉嵐的臉繃着，聲音冷得像鐵似的。

「你不跟阿Joe吃飯，他不肯死心？」

葉嵐覺得阿樂有些莫名奇妙，反問他：「我不答應跟他吃飯？」

「不是嗎？」

「行了，總之我懂得應付。」話畢，葉嵐低頭喝着手上的可樂，似乎只想終結這個話題。

阿樂有點苦惱，到底她跟阿Joe怎麼了。這時，侍應來到，葉嵐隨便點了一碟炒蜆，然後看着阿樂示意他點菜，阿樂先是一怔，隨即問葉嵐：「蒸桂花魚點了嗎？」葉嵐臉上有點疑惑，然後對侍應說：「蒸桂花魚，唔該。」

阿樂覺得有些什麼不對勁的時候，葉嵐憂心忡忡的說：「我想找一個藉口，跟Dr. Fung說提早結束跟你的輔導，試試另外找一個新個案。我現在與你的關係，根本無法輔導下去。」

阿樂終於知道葉嵐心情煩躁，原來是跟他們的戀情有關，心中的疑惑登時變為憐惜。於是拉着葉嵐的手，安撫她說：「不好！還有兩次輔導而已，忍耐一下吧！完了輔導，你寫好論文，沒人會理會我們的了。」

葉嵐不置可否，但眉頭依然沒鬆開。這頓飯，他們沒再聊些什麼，阿樂一筷子、一筷子的菜往葉嵐的碗裏放，葉嵐把飯菜放進嘴裏，腦裏卻想着阿 Joe 剛才帶有暗示的說話。她嘴巴雖在咀嚼，飯菜卻好像一直嚥不下去。這頓飯，就在無聲之中結束。

飯後，阿樂如常送葉嵐回去。經過輕鐵站，有七、八個乘客下車，阿樂跟葉嵐因為沒牽手，中間帶着距離，有的乘客在他們中間穿過。阿樂覺得這樣不好，待乘客散去後，便牽着葉嵐的手走着。葉嵐感覺到阿樂緊緊握着自己，知道他着緊自己，便對阿樂笑了笑，再現歡顏。阿樂覺得眼睛帶笑的葉嵐最好看，於是拉她走到馬路一邊，那是月台燈光照射不到的地方，他將葉嵐兜進懷裏。阿樂的目光是溫厚的、深沉的，抱着葉嵐便不由得親她兩下。葉嵐感覺到阿樂唇上的溫熱，也閉上眼睛跟他親吻起來。

街道很靜，只有車子駛過的聲音，戀人的親吻又令世界回復美好。忽然，他們聽到有人喊了一聲：「阿嵐？」

葉嵐望過去，感覺到不遠處有兩道眼光。一個男人從暗黑的角落走出來，當她看到那人的臉孔，立時嚇得全身僵直。那個男人看起來五十多歲，身穿西裝，頭髮修得很整齊，油光發亮，相貌卻不太好看。他吸着煙，瞇起了眼睛看着葉嵐，煙霧圍着他棗核般的頭顱在盤旋。

「真是你啊，阿嵐！」那男人高興的説着，似是久別重逢的樣子。但葉嵐的目光很是驚慌，臉色變青，嘴唇微微的顫動着，瞳仁跟着白珠子在亂竄。阿樂不知道葉嵐的身體為什麼在抖顫，還用力地捉緊他的手，躲在他身後。

「認不出Uncle Wong了？」那男人放下煙頭，眼睛一直盯着葉嵐的臉，雖然聲音很是親切，感覺卻是不懷好意。

「Uncle Wong。」葉嵐抖着聲音喊了他一聲。

那男人看着阿樂，似笑非笑的問：「是你男友？」

阿樂猜他是葉嵐的親戚長輩之類，只好尷尬但保持禮貌的微笑着。葉嵐側着臉，沒有回答，卻感覺到Uncle Wong的眼睛直是在自己的臉上和身上，冷冷地、深深地爬着，腦海裏那些隱隱約約浮現的片段，令她全身每個毛孔都冒出冷汗。

「你媽最近如何？」

葉嵐臉白如紙，抿着嘴唇，仍是不肯説話。沒多久，Uncle Wong便自行打圓場，説：「哦，明白的。」他從口袋裏取出卡片套，把名片遞到葉嵐手上。葉嵐接過名片，立時把手縮回去。

「有什麼事歡迎找Uncle Wong，沒有特別事也可以找我！我也想跟你聚聚舊呢！」

Uncle Wong看着葉嵐，眼睛上下掃射，好像一台X光機，能將她全身上下都看透。阿樂感覺到葉嵐的不安，故意走前一步，擋在她前面。Uncle Wong 拋下一抹意味不明的微笑後，便上了座駕離開了。車子引擎一響，車前燈的兩圈光芒直打進葉嵐的瞳孔裏，她馬上鬆開阿樂的手，用手擋着強光，不消幾秒，人車皆不見了，馬達卻留下刺耳尖銳的聲音。

葉嵐的臉色很差，一進屋，踢落一雙皮鞋，便用手掩着嘴巴，衝進洗手間去。阿樂進去，見到葉嵐倒在座廁旁邊，吐得滿地都是嘔吐物。他扶着她的肩膀，看着她那發白的臉，竟比大病一場還要凄涼。葉嵐嘴角黏着唾液，身上還沾了嘔吐物，阿樂替她拭去額上的冷汗，又急忙用拖把清理地上的污穢。葉嵐倚着門框一直看着阿樂，很是煩躁，不明白他怎的這樣戇直，難道看不出她跟 Uncle Wong 的關係不很尋常？為什麼不問一聲？

阿樂愈是用力的擦着地板，她愈是心煩。她雙手揉搓着太陽穴，滿腦子都是 Uncle Wong 爬在她身上的可怕回憶。那時她才十三歲，頭一晚，多可怕。她奮力掙扎，最終還是推不開他，他整個人壓在她身上，她無力抵禦，只可以抓住被單，嗚嗚的哭，眼淚從眼角滑下。哭着哭着，便有硬物塞進她下體，很痛；到她的哭聲漸細，她發現 Uncle Wong 往她手上塞的，是法國帶回來的 Chanel 山茶花限量唇膏。以後每次，當 Uncle Wong 哄她陪他睡時，總會把新款球鞋、限量版唱片、演唱會門票帶回來送她……

「不要掃了！我自己處理吧！」葉嵐從喉嚨裏大喊一聲。

葉嵐匍匐在地，想要爬到牀邊去，卻全身乏力。阿樂見狀，趕忙過去把她扶起，想服侍她睡到牀上。葉嵐無力的躺在牀邊，用手推開阿樂；阿樂沒有理會，只專心替她解開身上的鈕扣，葉嵐卻不斷把他推開。

「衣服髒了，先替你換一件乾淨的再睡吧！」阿樂解釋道。

「我自己來。」

「讓我來幫你吧！」

「我說不用了！」這次葉嵐用盡身上的力氣，狠狠地把阿樂的手摔開。

阿樂第一次見到葉嵐這樣心煩，很是吃驚，為免她誤會，立時放開手跟她解釋說：「Sorry！我只是想替你換掉髒衣服，想你能好好睡一覺而已。」

葉嵐別過臉去，在牀上移開一寸，背向阿樂。阿樂被她連番拒絕，心裏難受，以為葉嵐討厭自己，想要分開，只是苦着不知怎麼開口。於是他憂傷的看着葉嵐，問：「你後悔跟我一起了？」

阿樂看着葉嵐的背影，她一動也不動，臉也沒轉過來，依然用那瘦兮兮的背對着他。阿樂正在消化着眼前的事，以微弱的聲音說：「不要緊，我知道的，你這麼好，又怎會……」

這時，葉嵐突然轉過臉來，雙眼通紅的喊道：「不是你的問題！你很好，有問題的是我！」

「發生什麼事了？」

「你要是知道真正的我是怎樣，你一定不會想跟我在一起！」葉嵐哭道。

「我有病你也不介意，你有什麼我會接受不來呢？」阿樂也激動起來，只見葉嵐眼泛淚光，便覺得自己剛才的說話語氣太重，於是坐在葉嵐旁邊，伸手想要摟着她的肩膀，給她一點安慰。但葉嵐的身體不情願，又再往後一縮。

「到底什麼事了？」

葉嵐再也壓抑不了，她掙脫阿樂的手，力竭聲嘶的哭道：「我曾經跟很多很多男人一起的！」話畢，她整個人在抖顫，蜷縮起來，眼眉更是扭曲得分不開，樣子很是痛苦。

阿樂消化着葉嵐的說話，又跪在她跟前說：「我知道你拍拖很多次，都過去了，我不介意！」

「你不會不介意的！」葉嵐緊咬着牙在反駁，眼裏滿是紅筋。「剛才那個是我媽以前的男朋友，我中學的時候已經跟他上牀！為了好處，我可以跟任何男人一起，你明白嗎？」葉嵐的聲音近乎疾呼。

阿樂怔怔的看着葉嵐，很是震驚，不懂反應。

葉嵐喘了一口大氣，說：「沒人迫我的！是我自找的！我是自願的，我很下賤的！」說不了幾句，便抱着瘦削的兩臂嚎啕大哭，哭得非常淒涼。她整個人像失控似的，兩手逕自往身上打，直是不肯放過自己！

「不是。你不是自願的。是那壞人侵犯你，是嗎？」

葉嵐痛苦地摔着頭，「你不是我，你不會比我更清楚！我就是這樣賤，我以為自己可以跟我媽不一樣，但原來不可以，不行的！原來不行的！我跟她一樣的賤！」

葉嵐兩手捂着臉，崩潰地哭着。阿樂一時間也無言以對，只想抱着她安慰她，葉嵐被阿樂一碰，胸腔裏的怒火一下子迸發出來，她嚎叫一聲：「你不要碰我！」然後用力把阿樂推在地上。阿樂給嚇得屏住呼吸，嘴巴一時上下顎合不攏。

葉嵐抹去臉上的淚水，強迫自己冷靜下來，徐徐走到大門前，拉開木門，冷冷的道：「你走吧！」阿樂走到她身邊，低着頭拉她的手，卻給她再度用力摔開。葉嵐像木頭般站着不動，一雙眼睛盯着地板，木然地說：「是我不好，我不應該招惹你。」

阿樂心痛的看着葉嵐，卻又不知道還可做些什麼。他無奈地走了兩步，又忍不住回頭看她。突然，葉嵐用力把門關上，阿樂還來不及反應，已被趕出出門外，大門隨即鎖上。葉嵐覺得她的心已被輾壓得粉碎，她這輩子算是完蛋了，無論怎樣也無法重新開始，這是她的命！她狠狠脫去身上的衣服，把衣服摔在地上。她的忿恨全是對着自己發洩的，誰教她不懂潔身自愛，糟蹋了自己的人生！她低下頭，眼淚又如泉水般湧出，任她哭聲再淒厲，眼淚再多，也無助洗掉過去了。

4

葉嵐睡得很不安穩，醒來好幾次，到天矇矇亮的時候，又再驚醒。她爬起來，看着手腕上的手繩，看得發怔。

這手繩是從前媽媽帶她到廟裏祈福時送她的。她記得媽媽向神明許願，希望她能健康長大，將來學業有成，兩母女能過上好日子。母親還說往後的日子，葉嵐就是她唯一的希望，葉嵐負責努力讀書，母親負責努力工作，攢夠錢，她們便能買屬於自己的房子，不用依靠男人過生活。葉嵐記得，母親為她祈福的時候，是一個多麼好的母親，眼睛裏流露着關懷、真誠與愛。

不過，她慢慢發現，母親不夠虔誠，更沒有足夠的耐性等她長大，很不爭氣地靠着不同男人的供養來過日子。每當母親把男朋友帶回家時，她都很生氣。而最教她無法原諒的，是母親任憑自己的男朋友隨便進出她們家裏，任由他隨便在自己女兒的身上摸，並沒有及時出來保護她。當Uncle Wong的事被母親揭發，她以為自己有救了，母親卻是狠狠地摑了她一巴掌，罵她是養不熟的賤貨。那時她哭着解釋，自己是不情願的，但母親將她的禮物從櫃裏翻倒出來，一件一件列在地上數着；葉嵐不斷哭喊着說，不是，不是這樣的，但母親不容她解釋，直罵她的祖宗、罵她的基因，罵她生來就註定是個便宜貨。她跪在地上看着母親的眼睛，那裏只有暴烈和嫉妒，再沒有關懷、真誠與愛。

葉嵐想到這裏，心痛如絞，她無法再騙自己了。輔導沒有真正讓她對母親的怨恨消失，她一直沒有原諒母親，縱使過了這麼多年，母親對她的傷害依然很深，不是所有的關係都能修補的。她明明自小就痛恨母親為了生活而周旋在不同男人之中，本應與這種劣性劃清界線，爭一口氣，但最諷刺的是，自己竟延續了母親的劣性子，跟母親一樣的下賤，這教她更痛恨自己。她舉起手，看着手上的紅繩，紅繩微微顫動；她在微弱的燈光下拿起美工刀，利刀一揮，手繩應聲而斷，落在垃圾桶裏。從今以後，她對母親不會再有思念存想，決不讓她再有機會牽絆自己的人生。

葉嵐坐在窗前，不知道自己哭了多久，只感到眼睛很乾、很痛。晨光初現，鳥兒開始鳴叫，她覺得整個人身上的水分都像流乾了，她不要再哭了，站起來，拿着身旁的瓶裝水大口大口地喝着。她拉開簾子，看着阿樂的單位，想到他無辜被自己趕出去，不知現在怎麼了。沒多久，水已喝光，她把空瓶子放進垃圾袋，把垃圾整理好，便打開大門，拿着大包垃圾走向垃圾房。

阿樂給葉嵐趕出去後，原來沒有離開，一直守着葉嵐的門口，在走廊坐了一夜。雖然他知道了她見不得光的過去，但撫心自問，他也經歷過十五年患病的日子，不就是時刻都希望得到無條件的接納嗎？他很清楚這世間並無完人，當兩個不完美的人走在一起，包容對方的缺點，這就成了世上最圓滿的愛。愛既是無償的奉獻，他更決心要愛她，保護她，接納她的所有。

這時，阿樂聽到走廊有聲，雖然睡得昏昏糊糊，也立時睜開眼睛來。見到葉嵐從垃圾房走出來，身上披着睡衣，因為臉色蒼白，更顯出眼底有一圈深黑。他怕葉嵐又再拒絕他，所以立時站起來，想跟她表明自己的心意。

葉嵐看到阿樂，很是驚訝，世上真會有對自己不離不棄的人？她鼻頭酸酸的，嗚咽着說：「我叫你走，你為什麼不離開？」

「我想了一晚，我真的不介意。」阿樂站着認真地說。

阿樂先動身，向她逐步走近，葉嵐也慢慢走到阿樂身邊，枕在他的胸膛上抽泣。

「哭吧！我在這裏。」阿樂擁着葉嵐，呵護着她。

葉嵐揉揉眼睛，撒嬌似的說：「我不要再哭了，眼睛好痛呢！」話畢，竟破涕而笑。

能重新投進愛人的懷抱，沒什麼比這一刻更教人珍惜。葉嵐抱着阿樂，將嘴唇移向他，這一吻已勝過萬語千言。阿樂摟着葉嵐，細味她唇上長久的溫柔，在葉嵐的親吻中，他感知到她需要的是天長地久。

兩個人一宿沒有洗刷，臉上又是汗，又是油，葉嵐拉阿樂到屋裏去，脱掉阿樂身上的衣服。蓮蓬頭的水灑落，葉嵐也脱了睡衣，兩個人站在狹小的企缸裏。阿樂有點不知所措，只敢看着葉嵐的臉；葉嵐笑了笑，然後給他洗頭髮，又彎下身想要吻他。

「我未試過的。」阿樂緊張的説。

葉嵐知道阿樂缺乏經驗，帶笑的説：「閉上眼睛，站着便可以了。」

阿樂站着，咽一下口水，本來閉着的眼睛又再睜開。不知是因為浴室太熱，還是他太緊張的緣故，説話時竟在喘氣。「其實我有看日本那些電影，我懂的。」

葉嵐站起來，差點笑彎了腰，然後以訓示的語氣説：「你不要再引我笑了！」

「不是啊！我認真的。」阿樂急着補充。

葉嵐捧着他的臉，親吻他不容他再説話，然後慢慢蹲下身來，吻他的身體，但見他的身體沒有反應，便站起來問他：「是太緊張了嗎？」

「不知道是否因為吃了藥，Sorry！」

葉嵐拉着阿樂的手，笑了笑，把沐浴露倒在他手上，説：「你幫我吧！」水嘩啦嘩啦的灑落，阿樂的手慢慢滑過葉嵐身體細白的肌膚，兩個人緊緊貼着對方，抱着親吻，整個浴室都是芳香的氣味，空氣中更有幾個夢幻的泡沫。

漸漸，阿樂開始放鬆。他們關了水喉，兩個人包着一條小小的浴巾，笨拙地滾到牀上。葉嵐躲在被窩裏，陽光溫和地穿過透薄的被單，柔潤的光打在葉嵐的白皙的臉上。阿樂的手托着她的頭，深深地凝視着她。葉嵐左手圈着阿樂的脖子，右手捉着他的手，讓他在自己身上摸索。兩個人閉上眼睛，靠着親吻感受對方。葉嵐感覺到阿樂的氣息，像陽光穿過綠林，由腰間、大腿開始漫過她的全身，那氣息是溫柔的，熾熱的，是對生命熱情的探索。他們緊緊的攀附着彼此，直像彎曲的藤蔓攀緣大樹旋轉糾纏。樹纏藤，藤繞樹，她感覺到阿樂的吻宛如蔓藤深入，在濕潤廣袤的林中蜿蜒爬行。葉嵐身體熱了，想說陽光，陽光，但聲音卻開始含糊，漸漸變成一聲斷斷續續曖昧的歎聲，她明明想要掀開被單透氣，但雙手卻緊緊抓住阿樂的十指不放。

阿樂爬出被窩，抬着頭喘氣，陽光照在他們身上，空氣中還帶着沐浴後的清香。葉嵐流着熱汗，把被單掀開，發現他們真像向着陽光生長的藤蔓，相依相存，牽絆牽纏。葉嵐仰着頭看着阿樂，在他眼睛裏找到關懷、真誠與愛。

陽光讓他們懶洋洋的抱着對方入睡了。當葉嵐從美夢中醒來時，刻意捏一下自己，確定眼前的一切都是真實的，又滿足地笑了笑。她爬起來，坐在牀沿上，想到這牀雖然睡過好些人，但前塵往事都化為輕煙了，從此她的心、她的身體只交付阿樂一人。阿樂睜開眼睛，看到葉嵐光着身子坐着，便將睡衣套在她身上，從後伸手到她領口，替她扣鈕扣。葉嵐想到從前的男人只會替她解衣，從來沒人會爬起來為她穿衣的，便傻傻的笑了起來。

「笑什麼？」阿樂不解的問。

「沒什麼啊！」葉嵐甜絲絲的說。

「快說吧！」

「你為什麼替我穿回衣服啊？」葉嵐又笑起來。

阿樂從後抱着葉嵐，柔聲說：「就怕你冷倒啊，還笑！」葉嵐聽後，拉着他的手，倒在他懷抱裏。阿樂覺得葉嵐的身體很軟很香，不知這是否就是如沐春風的氣味；想着想着，隨即又浮起一個念頭，下星期覆診，是時候向醫生要求減藥了。

5

往後的日子，葉嵐跟阿樂幾乎朝夕相對，阿樂總是對葉嵐照料有加。他們雖各自住在自己的家裏，但大部分時間，他們都是形影不離，就是少見一面也會覺得若有所失。

葉嵐經常熬夜，有一次阿樂為她熬花旗蔘水提神，葉嵐好奇的問，像他這樣一個貼心的人，為什麼從來沒拍過拖。阿樂笑了笑回道，不要整天在問為什麼，反正一切都是天意，是上天讓他們尋着對方，如今她拾到這塊瑰寶，好好珍惜就是了。葉嵐笑彎了腰，問他是哪來的自信，最終誰是瑰寶也未可知。阿樂忽然像擠牙膏似的，慢慢說出他的過去。原來中四那年，他曾經喜歡學校羽毛球隊的師妹，也跟她有過一段曖昧關係，但後來發現那師妹跟教練搭上，恰巧那年是他第一次病發，一進院便住了一個月。他跟師妹的關係自然告吹了，自此以後，他不敢再想談戀愛的事。其實在跟葉嵐一起前，圖書館裏有一個同事曾經表示對他有好感，但他的心一直放不下欣欣，便沒有給她答覆，最終那女同事便沒再搭理他。如今他有了葉嵐，自是不會再想要跟其他人發展了，那天葉嵐在燈塔下忽然唱起*Eyes on me*，他就知道那個命中註定要遇上的人，就是她。

葉嵐聽着阿樂一段傷心的過去，對他既是同情又憐惜，到他主動提起*Eyes on me*時，當下直是不敢相信。葉嵐從小看着母親在一個一個男人身邊周旋，自是不肯相信地久天長的愛情，但若是探問她的內心，像搭一條梯子往下一直爬，其實心底仍然渴求長久的關係，她還是希望能遇上一份情深不渝的愛情。而*Eyes on me*就是她對愛情完美的想像，希望能找到一個對她永不失望的人。所以她當聽到阿樂說到命中註定要遇上她時，她捧着阿樂的臉，凝視他的眼睛，告訴他：「都是真的，We are not dreamers。」

幾天後，葉嵐又重新返回恩善會，跟阿樂進行最後一次輔導。他們在路上手拉手走着，來到一條迴旋天橋，葉嵐跟阿樂說自己獨個兒先上去，免得被人發現。阿樂鬆開她的手，跟她點點頭，說了聲待會見，便看着葉嵐的背影離去。阿樂在天橋看着街景，聽着鳥語，想着跟葉嵐的將來。直到覺得時間差不多，便繼續往恩善會走。

走不了幾步，他覺得有人在監視自己，回頭一看，在馬路上見到一個長髮女子一直望着自己。細看，長髮女子不是別人，竟就是欣欣！欣欣一臉凄楚地看着他，眼神幽怨，樣子很是可憐。阿樂臉色突變，驚惶的急步跑回恩善會，跑了一段又再回頭看，始終見到欣欣凄楚地站在原地。

阿樂一口氣跑進中心，在接待處沒看見社工，阿樂感覺到有什麼不對勁，於是一直走到輔導室去。阿樂在走廊站着，在百葉窗簾的間縫中竟見到葉嵐低着頭，Dr. Fung 和阿 Joe 坐在葉嵐身邊。房間的茶几上放着一部手提電腦，正播放着自己跟葉嵐在街上親吻的片段。

葉嵐看到 Dr. Fung 忽然在恩善會出現，心感不妙，當阿 Joe 播放影片，便知道自己最擔心的事果真發生了。她根本無法解釋，只好說：「我分得很清楚，不會影響我對他的輔導，對論文也沒有影響！」Dr. Fung 本來臉色已不好看，這時聽到葉嵐在詭辯，更是怒不可遏，大聲叫她閉嘴，葉嵐嚇得不敢作聲。

Dr. Fung 深呼吸了一口氣，跟阿 Joe 交代說：「很對不起，有關這次研究的一切輔導都要馬上暫停，請你給我一天時間，我會親自跟總會交代。希望你暫時可以保守這個秘密。」說話的語氣是斬釘截鐵的。

「沒問題。我也同意最重要是即時保護我們的組員。」阿 Joe 迴避葉嵐的目光，一臉嚴肅地回應。

葉嵐的眼睛一直怒視着阿 Joe，回頭發現阿樂正站在房間外，透過窗簾縫看着他們。阿 Joe 看到阿樂，立時走到門口把他拉開。阿樂見到葉嵐面如死灰，輕輕地向他搖頭，阿樂想到自己連累了葉嵐，心如刀割。

這時，阿 Joe 已經拉着他的肩膀，想帶他到隔壁房間。可是阿樂一直兩手攀着窗，看着葉嵐，不肯離開。阿 Joe 勸說：「來！阿樂，我們聊一聊！」

阿樂想到一定是阿 Joe 幹的好事，是因為得不到葉嵐而報復，於是生氣地瞪着阿 Joe，當阿 Joe 再碰他時便一手甩開。

「我們發現葉小姐在輔導期間對你有不恰當的行為，我們決定即時停止輔導。」

「有什麼不恰當？」阿樂的怒火滾沸，聲音像奔雷一樣。

「放心，我們知道跟你無關的，我們會全力保護你，不會讓人傷害你。」阿 Joe 伸手搭着阿樂的肩膀，表現得非常關心。

阿樂一手甩開他，揪着阿 Joe 的衣領，激動的說：「保護我？你追不到葉嵐就報復，你還算是個男人嗎？」

阿 Joe 始終保持克制，耐心地解釋：「有人把片段傳給中心主管，我可以不處理嗎？你認識我這麼久，我是這樣的人嗎？」阿樂不知這是真話還是說辭，也不願意相信這個相識超過十年、跟自己關係如此緊密的人，竟然是一個陰險小人。但他始終壓不住怒火，揪着阿 Joe 衣領的雙手一直不肯放下。

Dr. Fung 見阿樂情緒很是激動，於是走出房間。葉嵐也跑到走廊去，喊了阿樂一聲，對他搖搖頭，示意他不要衝動，不要讓怒火蓋過理智。

這時，Dr. Fung 走近阿樂身邊。「阿樂，還記得我是葉嵐的老師嗎？我知道你很想保護葉嵐，對不？」阿樂聽到Dr. Fung說話時親切的語氣，方冷靜下來，放開阿Joe。「葉嵐是我最好的學生，我比你更加緊張她，你可能不明白，輔導員跟client之間不可以發生關係，這次葉嵐嚴重違犯了心理輔導的專業操守，所以這事一定要處理！」

Dr. Fung説話充滿威嚴，而且合情合理，阿樂無話可說，只得望着葉嵐。但見她眼神無助，低頭不語。

Dr. Fung跟阿Joe細聲說：「我跟葉嵐先離開，你看看是否需要找支援，最重要先穩定阿樂的情緒。」話畢，便叫葉嵐跟着她離開。葉嵐看着阿樂，臉色直像死水一樣憂鬱、陰沉。葉嵐走了幾步，阿樂最終按捺不住，跑到走廊跟Dr. Fung喊說：「老師，請你信我，她真的沒有傷害我！」

Dr. Fung看着阿樂，似乎有點不忍，再安慰他說：「你放心，我一定盡力幫助葉嵐；不過，你也要答應我，這段期間你們不能再接觸。如果你們再聯繫下去，後果將會很嚴重。你也想葉嵐好的，對不？」

阿樂的眼光帶着哀痛，心像抽緊的布口袋被勒着，但想到Dr. Fung的話也不無道理，便輕輕點頭答應。Dr. Fung帶葉嵐離開，葉嵐像做了錯事的孩子一樣，一直低着頭，不敢回望阿樂。待葉嵐離開後，阿樂突然大喝一聲，揮拳打向牆上的告示板，阿Joe遠遠的看着，終究不敢走近。

葉嵐跟着Dr. Fung回港大去。一路上，Dr. Fung一直板着臉不説話，臉色黑如鍋底，直至走到辦公室，才跟葉嵐冷冷的説：「你在外邊等我。」

葉嵐在辦公室門外等着，一站就是兩個小時，那無助感直像小時候給母親脱了衣服趕到門外一樣。老師和同學在走廊來來回回，她覺得他們盯着她的眼神，像是把她裏裏外外都看穿。葉嵐抱住兩臂，一臉愧怯，不敢迎上他們的眼睛。這時，Simon剛巧經過，葉嵐垂下頭不敢直視他，本來Simon已越過葉嵐，但見她楚楚可憐的站在辦公室走廊，最終還是走回頭。

「Dr. Fung把你的事告訴我了，稍後應該會召開紀律聆訊委員會會議，她想我建議委員會的人選，看你想不想我幫忙。」Simon想輕拍葉嵐的肩膀，但葉嵐的身體不由自主地往後一退步，避過了他。

「Sorry……我不是……算了！Take care！」Simon最終不替自己辯護，無奈的離開。

葉嵐看着Simon的背影，覺得自己很是不堪，過去、現在與未來都給她弄得一團糟。

沒多久，Dr. Fung喊了一聲，召葉嵐走進辦公室。葉嵐一進去，就看到Dr. Fung

皺着眉頭，一臉嚴肅的說：「恩善會要求我們開除你的學籍，你說怎算好？」

葉嵐也不知可怎麼應對，只好低下頭，說一聲：「對不起。」

「我們現在要你承諾，以後不可以接觸恩善會的 client，包括李志樂，看看能否挽救。」Dr. Fung 義正辭嚴的說。

葉嵐聽到不可聯絡阿樂，立時反駁：「你們可以懲罰我，但我已經不是他的輔導員，為什麼不可以接觸他？到底是守則重要，還是 client 重要？我真的幫到他，你也見到的！」

Dr. Fung 瞪着她，語帶威嚴地問：「守則的目的是什麼？」

葉嵐雖然不服氣，但心裏知道自己的確是違規，只得回應 Dr. Fung：「是保護 client，同時保護ＣＰ。」

「就是因為這條界線，社會才信任我們。」Dr. Fung 激動地說。「有哪個臨牀心理學家未曾遇過『移情』？我保證你一定會再遇到第二次、第三次，要做到心理學家，就先得過這關。你為什麼讀心理學？你不是說一定要做到ＣＰ嗎？」

葉嵐當然知道自己理虧，她咬着下唇，沉默起來。但想到自己跟阿樂的生命已經連結在一起，他們誰也不能沒有誰。於是她拉開椅子，坐了下來，像祈求得到同情的孩子一樣看着 Dr. Fung，對她說：「我真的喜歡他，我不會離開他。」

Dr. Fung似是明白感情的事不是道理可以說得過去，慢慢走到葉嵐身邊，用柔和的聲線說：「跟精神病人一起，絕不是一件簡單的事情。」然後Dr. Fung把手搭在她的肩膀上，像勸導孩子一樣。「葉嵐，男女關係一向是你的弱點，趁現在感情未深，好好離開他，這才是負責任的做法啊！」

Dr. Fung眼睛帶着憐愛，葉嵐知道她對自己的期望很高，也怕自己泥足深陷，一時衝動壞了前程。但這時的她，腦裏實在很亂，一時三刻也無法答應Dr. Fung什麼，只好請她給自己一點時間，讓她回去好好想清楚。Dr. Fung點點頭，再三提醒她必須控制自己的情感，紀律聆訊的事她會再處理。葉嵐驀然發覺，在阿樂與前途之間，她只能二擇其一，絕望感直像黑沉沉的大山壓在她身上。

6

阿樂又回到封閉的日子裏，像蚌似的把自己關閉起來。沉默是他唯一的言語，也是最令他感到安心的語言。他從來都是一個人過活，之前只是稍微出現了變化，僅此而已，他一再説服自己。窗外的燈火很是炫目，每戶人家的燈火，都象徵着家的溫度，不過他什麼都沒有，他只有手上的一塊舊球拍，和孩子遺棄的乒乓球。舉着球拍，把球放在球拍上，便能練習平衡，可是他的世界已向黑暗那邊傾側了，即使能令球不落地，也不表示日子就能找到平衡。然而，偶爾失一下平衡又何妨？反正他早知道，有精神病的人生來就是累人，連嘗試幸福的資格也沒有。

屋裏沒人説話，但他聽得到聲音；屋裏沒人走動，不過他能看見人影，那都是他在客廳走動時的耳語。手機震動，熒幕亮了，是葉嵐來電，如果是這天以前，他一定歡歡喜喜的接聽電話，但他想了想，便把手機關了，趴在地上做掌上壓。

汗水能麻痹情感，只要有足夠的汗水，更能蓋掩傷痛。一下一下，他俯地挺身，如撐着身體在夜裏獨行。一下一下，他俯地挺身，用汗水代替流淚，用深呼吸代替放聲吶喊。細汗沾濕衣襟，又如無聲的雨水向下滴；汗水並沒止住，由心房為中心，像寂寞一樣向四面八方蔓延生長。一下一下，俯地挺身，這是他的語言，是對不仁的世界無聲的回應。

孤獨充滿了黑漆漆的房子，他的身體也是載體，裏面空洞洞的，連丁點星光也沒有。在那門縫透進來的細碎光明之中，有一把孤獨之聲，那聲音很柔，很纏綿，他認得那聲音，記得它曾帶給他無限溫暖。他一直順着聲音的源頭探索，滴答滴答，像連綿三月的雨，又像時間長廊的鐘擺滴答不停，他以為那是幻覺，可是愈聽愈是真切。那聲音愈來愈近，如今只隔着一塊門板，在門外如同耳語般呢喃，阿樂，拉我的手，回到我的懷抱，只有我才如此愛你，終生不離不棄……

7

葉嵐在窗前徘徊，看着阿樂的住所沒亮燈，房間黑漆漆的，心裏很是擔憂，於是她打了一通電話給阿樂，沒料到阿樂竟掛了線。即使她再給他發訊息，他也沒有回覆，葉嵐放心不下，決定到阿樂的家裏看看。

因為焦急，葉嵐腳步很快，但腦裏不斷浮起 Dr. Fung 的勸告，要離開阿樂才是負責任的做法，這教她矛盾又忐忑。想着想着，便來到阿樂的家，本來她還擔心阿樂不肯見她，來到卻發現他家的鐵閘開着，大門虛掩。她推開門，見到阿樂趴在客廳中央，屋裏的抽屜全被拉開，雜物滿地，他手忙腳亂的，靠着窗外的微光找東西。

葉嵐覺得不很對勁，於是叫了他一聲。不過阿樂沒搭理她，繼續趴在地上翻找東西，葉嵐蹲在地上問他：「你在找什麼？」

阿樂沒回頭，失魂落魄地翻着地上的雜物，說：「你剛剛說想要看我的日記。」

葉嵐徐徐站起來，想到阿樂會不會又再病發？這時，阿樂聽到背後有聲音說要走，便突然回頭，一臉焦急的問：「為什麼要走？」看到葉嵐站在身後，便一把抱着她，求她不要離開。

葉嵐反應不來，沒有說話，輕輕推開阿樂，問：「你知道我是誰嗎？」

阿樂有點茫然，昏昏糊糊的，不知道怎的有兩把聲音。這時大廳又靜又黑，一個放在桌上的乒乓球忽然掉落地上，發出「篤、篤、篤」的聲響。那聲音極其清脆，阿樂順着聲源低頭望，看到乒乓球在彈跳，然後慢慢停下，他腦裏頓時好像澄明了一下。他後退了一步，驚訝得臉上透青，問道：「你不是欣欣，你是葉嵐？」

葉嵐見他意識稍為回復清晰，便立時安撫他。阿樂無力地坐在沙發上，臉如土色，表情呆滯，眼睛盯着天花板，像看到許多畫面在天花板出現又消失，一臉沉思的樣子。葉嵐蹲在地上，替他把客廳收拾乾淨，又把翻倒出來的東西放回原位，阿樂忽然開口問：「你是否只是利用我來撰寫論文？」

葉嵐聽到阿樂這樣問她，心裏不是味兒，猶疑了一陣子，還是沒有回答。

阿樂鑑貌辨色，知道自己猜對了，嘴巴不期然的向上一揚，隨即拋下一句：「原來是真的。」他一動不動的坐着，臉色比石頭還要灰黑。

葉嵐走到阿樂身邊，在沙發坐下，看着他的眼珠子說：「起初是，但後來不是。我改變了，你是知道的。」

阿樂一臉沉痛，撫着葉嵐的臉：「那答應我，以後不要離開我。」

葉嵐看着阿樂，兩片唇哆哆嗦嗦，很想一口答應他，但腦中又是 Dr. Fung 的說話——好好離開他，才是負責任的做法。

阿樂見葉嵐不語，心如死水。他知道葉嵐始終會撇下他，像搬家的人在舊址遺下舊行李一樣的平常。於是他放下撫着葉嵐的手，徐徐走到母親的房間，關上門，他必須把自己封鎖起來，才能壓抑內心的傷痛。

過了一陣子，葉嵐走到在房間門前，喊了阿樂一聲。阿樂雖聽見，但躲在房間裏沒有回她。葉嵐倚着門，閉上眼睛，不知道該怎麼安撫阿樂，更怕自己一說話反會驚動他，所以只站在門外，雖得不到回應，也沒有離開。

阿樂瑟縮在牀上，抱着母親的衣服。他太累了，連心也累得不能好好思考，就在牀上蜷曲着身體入睡了。深夜，風吹過的窗簾在動，阿樂睡了，卻不安穩。在似夢非夢之間又再聽到那道柔聲，感覺到有一雙手擁着他。

那手溫柔地在他的頸上滑動，輕柔如風，然後停留在他熱呼呼的臉頰上，化成一道哀傷的聲音問：「你喜歡的是葉嵐，不是我，對嗎？」

阿樂睡得昏沉，眼皮很重，想說話卻無法睜開眼睛，但感覺到那雙細嫩的手搭着他的耳背，捧着他的臉，把氣息都貼在他臉上。「為什麼你明知道她有過那麼多的男人，你還愛她？我對你才是真的，她是假的！」那聲音極其淒楚、哀怨。

阿樂半張開眼，看到欣欣正側身睡在他身邊。他沒有半點抗拒，潛藏在心底的感情又再浮起。「我不想這樣待你的。」阿樂輕聲回應。

欣欣幽幽的看着阿樂，眼裏冒起一層淚，委曲地說：「我就是知道你會不捨得她。」

阿樂感覺到欣欣的傷痛，舉起倦乏無力的手，摟着她，柔情地說：「不是啊！」

「我也好想相信你。」欣欣的臉淒楚可憐，神情極像被戀人背棄似的。

阿樂把欣欣抱在懷裏，心裏作難。那臉容、那聲音勾起的回憶自是無法忘記，縱使他是瘋是傻，她都愛他；縱使他負了她，她仍是一心一意地愛着他，他忽然後悔自己曾經把欣欣拒諸門外。阿樂緊緊抱着欣欣，但她沒有因為得到安慰而平靜下來，一再在阿樂耳邊說：「她是假的。」是的，外面那個是假的，阿樂分清楚了，只有把假的趕走，才能跟真的長相廝守。

但當阿樂打開房間的門，見到葉嵐在客廳的沙發上睡着時，他顫抖了。在他面前的葉嵐是這樣的真實，她有呼吸，有生之氣息，她怎麼會是假的？他戰戰兢兢的走到葉嵐身旁，額上全是汗水，眼前的葉嵐跟欣欣都是同樣的真實，這個世界什麼是真，什麼是幻，人怎麼能分得清楚？誰是真心，誰是假意，又能一下子辨明麼？

阿樂的手抖得厲害，想伸手摸葉嵐的臉龐，像要確認她不會是個幻象。葉嵐在半夢半醒之間，感覺到有人靠近自己，睜開眼睛，看到神色焦慮的阿樂就在眼前，嚇了一驚。

阿樂看到葉嵐受驚的樣子，立時有無數聲音在他耳畔縈繞，那既是欣欣對葉嵐的指控，又是自己心裏對葉嵐的質疑。無數的聲音在他胸腔裏一迸而發，他神智亂了，呼吸聲愈來愈重，臉上全是斗大的汗珠。

「她不是真心愛你，她最後都會拋下你。」欣欣在他身後說。

阿樂激動起來，目露凶光，大力捏着葉嵐的脖子，質問她：「你根本不愛我，你最後都會拋下我，對嗎？」

葉嵐雖然呼吸不順，卻沒有避開阿樂，喘着氣跟他澄清：「不！不是……我不是不愛你！」

欣欣沒有罷休的意思，一再說：「你有精神病，她怎會喜歡你？多少男人等着跟她上牀，她幹嗎要你？」這場跟葉嵐的爭戰，誰最終能留下來，誰才能贏得阿樂的心。

欣欣的話擊中了阿樂的痛處，他激動地抓着葉嵐。「你跟好多男人上過牀，你很骯髒！」話畢，大力把葉嵐推在沙發上。

葉嵐聽到阿樂的話，方知他心裏一直是這麼想的。她心裏難受，眼神委屈，倒在沙發上不好反應。阿樂看到葉嵐的樣子，方意識到自己剛才的話傷害了她，冷靜下來，後退一步，臉上流露着悔疚的神情。葉嵐緊閉雙眼，深呼吸，迫自己冷靜，然後徐徐站起來，走近阿樂，想要趁他稍為冷靜的時候安撫他。

欣欣見狀，驀地跑到阿樂身邊，拉着他的手，不許葉嵐碰他。「她又想騙你了。」說話時一直抱着阿樂不放。

這時，阿樂的意志終於戰勝欣欣，他推開欣欣，堅定地說：「不是，她不是騙我的！就算她骯髒，我都愛她！」

葉嵐見到阿樂雖然神智紊亂，仍執意愛着自己，心裏自是感動。

「你有什麼資格愛她？」欣欣苦着臉問他。

阿樂這時又自卑起來，眉頭一擰，抿着嘴唇，逕自在地上繞圈子。

葉嵐看着阿樂不尋常的舉動，便知道他一定是聽到什麼聲音。於是她捧着他的臉，迫使他正視自己。阿樂垂下頭，想要迴避她，葉嵐馬上抓住他的膀臂，托着他的頭，再迫他看着自己。「你聽到有人跟你說話嗎？是欣欣嗎？」阿樂沒回應，但眼睛恍惚，左右轉動，葉嵐捧着他的臉，厲聲說：「她不是真實的！」

阿樂的眸子一轉，欣欣淒然的哭着，從後緊緊摟着他。「我不是真的，你才可以永遠擁有我！證明給我看，你愛的是我，好嗎？」阿樂看着欣欣，話到嘴邊，又被他生生的嚥下。他痛苦地拉開欣欣的手，但又給欣欣用力抱着。

葉嵐看到阿樂極力掙扎，一再捧着他的臉說：「李志樂，聽我說，你聽我說。」但阿樂怪異的看着遠處，想要用力掙脫她。葉嵐沒停下來，一直拉着阿樂的肩膀，「李志樂，你聽我說，你看着我，你看着我！這裏只有我葉嵐跟你兩個人！」

阿樂的頭晃了晃，看到欣欣抱着自己，哭得比之前更兇。「你不要聽她！你不要聽她！」兩道聲音在他腦裏拉扯，他的世界在高速旋轉。他聳着肩，用力推開欣欣，滿身汗水，樣子十分猙獰。他一時揪着自己的脖子，一時捂着耳朵掙扎，嘴巴一張一合，煩躁地來回走着。

「李志樂，我努力為你做了好多事情，你是知道的！我不是利用你，你現在只是病發，你聽到的聲音都是假的，根本沒有欣欣這個人！」葉嵐顧不得自身的安危，忽然躍上前，兩手箍着他的脖子，摟得緊緊的，想要迫他冷靜下來。

終於，阿樂因為受不了腦裏兩道縈繞不斷的聲音，用力把葉嵐摔在地上。他失控的咆哮，在屋裏推撞，狂暴得直像暴怒的野豬。「閉嘴！閉嘴！閉嘴呀！」他大聲喊叫，所有被他積壓的憤怒、不安和恐懼，都在這聲吼叫中爆發出來。這聲吶喊，令他腦袋忽然清醒。他猛然發現葉嵐給他推倒在地，但他根本無力控制眼前的一切，痛苦的跟葉嵐說：「對不起！對不起！」

葉嵐還未來得及反應，只見阿樂突然衝向牆壁，把頭撞在牆上。葉嵐見狀，立刻衝上前，從背後環抱他，想要阻止他。「我好自私，我不值得可憐！我想你喜歡我，我想你永遠愛我！我是混蛋！混蛋！」他一邊咆哮，一邊用頭大力撞向牆壁。葉嵐用手護着他的額，不斷哭說：「不要！不要這樣！」但阿樂的力量實在太大，葉嵐那瘦弱的身軀實在拉不住他，他動作愈來愈大，猛力用頭撞向牆壁，額頭破了，鮮紅的血從額上流下來。

「為什麼我什麼也做不到？為什麼？去你的！李志樂！正混蛋！」阿樂猛地一聲吼叫，又想用力撞向牆身。葉嵐用盡全身的力氣，把阿樂推在地上，不容他傷害自己。葉嵐沒有法子，只得用身子擋着牆壁，無望地叫號：「要撞就撞我吧！」

葉嵐緊緊揪着阿樂的衣領，臉繃得很緊。阿樂聽到葉嵐崩潰的哭聲，稍稍冷靜下來，擔心自己會傷了葉嵐，但冷靜下來後，又感覺到心頭一陣劇烈的痛楚。阿樂臉容扭曲，抱着頭用力攞着自己的頭髮，痛苦地哭號：「我真的好辛苦！」他的身體猛烈地抽搐着，絕望地把頭埋在葉嵐的懷裏嚎哭。葉嵐用力抱着阿樂，掃他的背，如在告訴他，她在這裏，她知道這一切的痛都是真實無比的，她會一直在這裏。

他們跪在大廳裏，阿樂的哭聲一陣緊接一陣，那哭聲是多麼的壓抑，又是多麼的清晰。過了半晌，他坐直身子，情緒慢慢平伏下來，葉嵐見他額頭的血已凝固，眼神也沒之前的恐怖。她跟阿樂糾纏了一夜，這時已經筋疲力竭了，她疲倦地把頭枕在阿樂的肩頭上，想要得到安慰。這時阿樂漸漸收住目光，有了知覺，又像消化了許多信息後得出一個總結，他冷淡地說：「無論你是誰都是一樣，你們最後都會拋棄我。」

話畢，他推開葉嵐，站起身來，葉嵐本來兩手拉着阿樂的手臂，也只得慢慢放開手。

阿樂徐徐走到門前。他打開大門，示意葉嵐離開。門開了，外面的光爬進屋裏，葉嵐坐在地上，清楚地看到阿樂的臉像石膏一樣，面容枯槁，眼裏沒有一點生氣。他整個人沒靈魂似的，拖着軀體，慢慢走進母親的房間，把門關上，獨留她一個人在大廳裏。葉嵐呆了好一陣子，從地上無力地爬起來，她不能崩塌，她知道自己必須做一件事情。她在沙發找到自己的手提電話，給醫院精神科留了一個口訊，希望阿樂緊急覆診，即日入院。

葉嵐掛了線，望着打開的大門，外面已是清晨。她走到走廊，看着天井，晨曦的光已照到天井之上，走廊的燈已自動關上，靠着光可以看到每戶家宅都關上了鐵閘，有些住戶的鐵閘還套上彩色的簾子。走廊沒有人，住戶們還在睡覺，等待醒來迎接新一天。陽光出來了，卻沒有絲毫暖意，葉嵐拉緊衣服的領口，喉頭乾得發癢，身體不由自主地打了個冷顫。她回頭看，房子是那樣的空洞，那樣的寂寥，她終於明白Dr. Fung的話的意思。不過，現在的她明白了，也無助減輕這場災劫帶來的後遺與傷痛。她看着在爬升的日光，兩隻手臂直板板的垂下，肩膀開始猛烈地抽搐，然後喉頭響起一陣嗚咽。

待續

1

熱水嘩啦嘩啦的從花灑灑落，浴室一片氤氳，空氣中帶着沐浴的芳香。葉嵐起來特意洗一個熱水澡，這有助她保持頭腦清醒。外頭的陽光姣好，把房間照得明亮，葉嵐頭上包着浴巾，從浴室裏出來，身上是一件素淨的棉質白色背心。她一面站在煮食爐前，用大毛巾擦頭髮，一面煮牛奶麥片。是的，她上月添置了廚具，還買了微波爐，家裏的大牀、櫃和書桌也換了擺放的位置。當早餐弄好的時候，她的頭髮已乾了大半，她輕輕用風筒吹了吹頭髮，再把熱騰騰的麥片倒在碗裏，放到書桌上。

葉嵐的書枱已經收拾乾淨，有用的筆記整齊地按科目分類，用文件夾保存好；沒用的筆記，則放在廢紙箱裏，準備回收。合用的參考書疊得整齊，要歸還的圖書則放在桌子左邊，騰出來的空間恰好可以放置手提電腦、水果和她的輕盈早餐。

她把昨日買回來的士多啤梨切好，放在麥片上，然後打開手提電腦，一邊吃早餐，一邊整理電腦的文件。她用滑鼠打開一個文件夾，裏面全是錄音檔，她開啟了其中一個檔案。

「最近有人令我明白，原來不是只有我媽才會接納我。」

「那人是誰？」

「你怎麼明知故問？」

「來吧！告訴我啊！」

葉嵐把錄音停了，猶疑了一下，最後還是決定刪除錄音檔，再把整個「李志樂」的文件夾刪去。葉嵐吃過早餐，對着鏡子化了一個淡妝，穿上了套裝西裙；她記得這連身西裙是在報讀研究生課程時，為了面試而買的，如今穿上它也好像有點特別的意義。她在鏡子前端詳自己，發現自己真是太瘦了，外套差點也撐不起來。她對着鏡子練習笑容，希望今天的事情能順利，也為之前的事好好畫上句號。

葉嵐來到大學會議室，捧着公事包，坐在會議室外等候紀律聆訊的開始。她的樣子極其冷靜，內心卻是無比的不安，回想起來，她由中學開始已是品學兼優，就是連缺點也沒給記過一次，如今竟能感受到犯人出庭的滋味，也真是人生一個諷刺。雖然事前 Dr. Fung 已向她暗示，學系與恩善會商討了一個折衷的方案，結果對她而言不會是災難性的，但紀律聆訊有沒有意外發生，導致最終裁決有所不同，葉嵐知道 Dr. Fung 也未必有把握。

沒多久，秘書通知她聆訊開始，她便推門進去。會議室內有四名紀律聆訊委員會成員，主席是香港心理學會會長，他坐在長桌中間，Dr. Fung 及恩善會總幹事則坐在兩邊。葉嵐向聆訊委員會的成員鞠躬後，戰戰兢兢的坐下，腰板貼着椅背，準備回答主席問話。Dr. Fung 給她投以一個肯定的眼神，有如為她派發定心丸一樣，葉嵐得到 Dr. Fung 的鼓勵，本來懸在半空的心好像能着地似的。她心裏不斷重複與 Dr. Fung 事先商議好的答案，只要成功過了這一小時的紀律聆訊，便可以重新出發。

「葉嵐同學，你是否承認，在本年十月至十二月期間，你在恩善會愛心服務處，跟精神病康復者李志樂先生進行實習輔導時，曾多次有過分親密的接觸？」

「我承認。」

「你是否承認，這段時間，你在進行輔導以外，曾經多次私下接觸李志樂先生，跟他發展了超越輔導員跟康復者的關係？」

「我承認。」

「對於以上行為，你有什麼解釋或補充？」

「我一時衝動，沒有遵守專業輔導員應有的守則，在此我為自己的不當行為，對受輔導者、恩善會以及香港大學心理學系深深致歉。」

葉嵐一口氣將準備好的一段話說完，徐徐站起來，誠懇地向學系教授以及恩善會總幹事鞠躬，等候主席的裁決。

「葉嵐同學，你明顯涉及專業失當行為，這次事件非常影響公眾對本學系，以至整個香港臨牀心理學專業的信心，我們必須作出有足夠警戒及阻嚇性的懲罰。所以，我們決定即時開除你的學籍。」

葉嵐神情肅穆，聆聽着主席裁決。

「但鑑於你對自己所犯的錯誤表現深切懊悔，若你願意作出以下幾點承諾，本學系日後可以考慮讓你重新報讀課程，恩善會亦不會再作追究。」

葉嵐的心舒了口氣，點點頭，感謝紀律委員給予的機會。

「你是否承諾日後會嚴格遵守專業守則？」

「我承諾。」

「你是否承諾，若非得到恩善會批准，不會再踏足恩善會愛心服務處，以免當中的康復者產生負面情緒？」

葉嵐腦裏忽然浮起一個畫面，那是當初自己踏足恩善會，首次跟阿樂在小禮堂見面時，他定睛看着她的神情。葉嵐想到阿樂的臉，心中又不捨又酸楚。她嚥了一下口水，回主席：「我承諾。」

「你是否承諾，以後在公眾場合及私下，不會再接觸及騷擾受害人李志樂先生？」

Dr. Fung用慈愛的目光看着葉嵐，向她輕輕點頭，示意她回答。葉嵐想開口回話時，話卻卡在喉頭吐不出來。Dr. Fung跟其他委員的目光都打在她身上，等她開口，但此時此刻，葉嵐腦海裏又浮現許多跟阿樂相處的片段。

那次她差點給輕鐵撞到時，是阿樂拉着她。

每個晚上，他們隔着公路，用屋裏的燈打暗號。

那次阿樂給她趕走，他卻徹夜在門外守候。

阿樂在公園裏拉着她跑，大羣孩子在他們身後追逐。

許多溫馨的畫面，如同紙牌般彈出，每一張，都令她無法割捨。葉嵐心裏作難，抿着嘴，沒法開口。

會議室裏非常寧靜，大家都在等待葉嵐的回覆，Dr. Fung更緊張得眉頭緊蹙。過了良久，主席再問：「葉嵐同學，你是否承諾，以後在公眾場合及私下，不再接觸及騷擾受害人李志樂先生？」

葉嵐內心交戰，心裏像有什麼東西拉得很緊。主席的問題，直像把大石投在湖裏激起無數水花似的。她閉起眼睛，想努力用理智把感情壓下去，但這反而牽動她更強烈的情感。

她想起那次在街上兩個人剝着糖砂炒栗子的喜悅。

那次他們擁吻直到清晨，阿樂從後抱着她，替她穿回睡衣。

每次外出吃飯，阿樂都讓她先嚐第一口，再把她吃剩的飯菜通通吃光，笑說自己是她的御用清道夫。

在她月經前一星期，阿樂總會當上管家，嚴禁她喝凍飲。

每次聊電話時，他總會等她先掛線，才覺得安心。

那次在恩善會服務處，他揪着阿 Joe 的衣領不放，只有她才能喝止阿樂。

過馬路的時候，他總會牽着她的手寸步不離。

他們分享自己最喜歡的歌曲，恰巧都是 *Eyes on me*。

阿樂病發，她用身體擋着阿樂，制止阿樂用頭撞向牆壁時，兩人雙雙倒地。

幕幕畫面，都真摯動人，她騙不了自己，她必須承認跟阿樂的感情，是她遇見過最美麗、最純真的愛。此刻她的心猶如一鍋沸騰的水，她肯定是阿樂令她改變，給她接納自己，以致付出真愛的力量。

終於，葉嵐睜開眼睛，平靜而堅定地說：「很感謝大家給我這個機會，這段日子我反省了很多，原來有些東西到失去時，才會明白它對自己有多重要。我真的好希望能成為臨牀心理學家，當專業的心理輔導員，幫助心靈有需要的人。」

「但是……」葉嵐看着 Dr. Fung，心裏泛起了歉意，原本跟 Dr. Fung 商議好的那段道歉說話裏，是沒有這個「但是」。

葉嵐口唇微顫，眼神堅定的說道：「但是很對不起，我做不到。」葉嵐霍然站起來，彎身跟委員會成員鞠躬致歉，再用唇語跟 Dr. Fung 說了一聲對不起，就轉身離開會議室。

外邊的天空澄明，透過落地的玻璃可以看到蔚藍的天空。葉嵐急步離開教學大樓，一邊走，一邊解開恤衫的領口，三個月來積壓在她心底的鬱悶忽然一掃而空，她的心情是前所未有的舒爽、暢快，如同心裏播放輕快的歌。如今，她心裏只想到一件事，她很想阿樂，並且必須見他，她恨不得穿過玻璃天橋便能直奔到他面前。葉嵐立刻致電阿樂，但鈴聲響了幾秒便掛斷。葉嵐心裏不甘，隨即想到阿樂是三個月前進院的，如今應該已出院，如無意外應該還是在圖書館工作吧！於是，她加快腳步往圖書館跑去。

在圖書館入口的服務櫃枱，只有兩個工作人員在辦理借還圖書的手續，她在辦公室外看了看，沒發現阿樂的蹤影，便沿着樓梯跑到五樓，一層一層去找，一排一排書架去看。她跑了三層，也找不到阿樂，這時傳來中央廣播：「圖書館將於十五分鐘後關閉，有需要的讀者請儘快辦理借書、還書手續，多謝合作。」有些讀者聽到廣播後準備離開，但葉嵐仍在書架與書架之間穿梭，焦急地想要找到阿樂的身影。

葉嵐匆匆在一、二樓走了一圈，再返回地面。突然，辦公室的門口打開了，阿樂推着書車經過時剛好沒看到她。葉嵐急步上前，但走到辦公室前，卻給膠帶攔住，膠帶上貼着「讀者止步」。

葉嵐喊了一聲：「阿樂！」

阿樂聽到葉嵐的聲音，不敢相信，停下了腳步又繼續前行。但想了想，覺得這聲音怎的如此真實，回頭看，果真看到葉嵐站在不遠處。二人一段時間未見，此時重逢，雖然只是默然相對，卻似有千言萬語，含在嘴裏似的。

終於，葉嵐先開口，溫柔的問：「怎麼出院了，復工也不告訴我啊？」

「服務處說，你不再接觸我，他們才不會追究。你走吧！」阿樂說話的時候，聲音冷漠，臉上沒有半點感情。

葉嵐知道阿樂是為了保護自己，才會跟她保持距離，於是眼睛裏帶着喜悅和柔情的說：「我決定不會再讀，不做CP了！我們可以一起了。」

正等待阿樂開口的時候，圖書館的燈忽然關上，一個女職員從葉嵐身後走過來，提示她：「小姐，我們要關門了。」

本來怔住的阿樂，馬上跟那位同事解釋，說葉嵐是他的朋友。他看見同事轉身離開後，回過頭來，走到葉嵐面前，一臉認真的道：「醫生說我可能一輩子都要吃藥，你見過我病發的樣子，我不知道何時又會再發病。」

葉嵐也向前走了一步，眼珠子閃閃的泛着光，嘴角帶着笑意。「我知道，但我也想清楚了，我不介意啊！」她眼睛發紅，聲音哽咽，期待阿樂的回應。

阿樂跟葉嵐無言相顧，在刹那間，他的顴骨上的肌肉不受控的微微抽搐，臉上不禁流露了一絲感動；但很快，他又回復平靜，臉上像蓋了一層嚴霜似的，慢慢推着書車走進辦公室。

葉嵐見阿樂對自己如此冷漠，痛徹心扉，但仍是不肯相信。她紅了眼睛，看着阿樂的背影，聲音沙啞的喊着：「我愛你，你也愛我。對不？」

阿樂知道葉嵐說得沒錯，大家是愛大家，這又如何？這可以改變自己有精神分裂症的事實嗎？他為什麼要親手毀掉她的未來，成為她人生的計時炸彈呢？正因為愛，他更要讓葉嵐找到自己的幸福，不是嗎？阿樂鼻子一酸，徐徐轉身望着葉嵐，坦誠的跟她說：「葉嵐，跟你一起的時間我真的很快樂，謝謝你。但對不起，我想，我們是時候要從美夢中醒來了！」

葉嵐眼眶裏滾動着的淚水終於像斷線的珍珠般落下，看着阿樂決絕離去的身影，她喉頭哽住了，無法哼出聲音，心裏難過得無以復加。她明明已經學會了愛，為阿樂放棄前程，怎麼他卻不給她機會，說這夢要醒來呢？阿樂明明還是着緊她，為了她的前程才會遠離她，怎麼到她洗盡鉛華，拋下一切去愛他的時候，他卻無情地拒絕？原來學會一樣東西，也不代表能有機會實踐，葉嵐絕不想輕言分離，不過她很清楚愛情就是一種互相對應的情感，斷線的風箏不可能追回來。她看着阿樂消失在黑暗的辦公室深處，她的心像斷弦似的，想到自己的生命不會再有歌，又再潸然淚下。

2

葉嵐的眼淚好像三月連綿不斷的雨。她嘗到失戀的滋味了，每一天開始和結束時，時間總是特別的長，寂寞得見不着一點光。她整個人就好像拔了電源一樣，只能放軟身體，躺在牀上等待時間過去；她曾安撫自己時間能把一切傷痛帶走，但是此刻的她竟做不了最淺易的算術題，數算每分鐘過去，竟好比一輩子漫長。

雨，密密地、斜斜地交織着，如在天空鋪張一層薄薄的憂悶的細網。在公路的另一邊，阿樂也在家裏看着窗外的景致被迷霧吞噬，濕氣黏在玻璃上，更教他無法排遣心裏的鬱悶。他逕自拿起乒乓球板，對着牆壁打球。沉悶至極的敲打聲在黑夜最深的時分，「噗、噗」的響着，一聲一聲如同他沉重得自己都能聽得見的心跳。

屋內黑漆漆的，葉嵐的目光黑如子夜，眼睛陷下去成了兩個大洞。她躺在牀上看着天花板，其實什麼都沒有想，但思緒飄忽不定，腦裏時而一片渾沌，時而像幻燈片失控地播放着。風聲、狗聲、人語聲、車駛過馬路風馳電掣的聲音，所有平時沒注意到的聲音，這時統統襲來；細聽之下，竟聽到門外響起咯咯、咯咯的敲門聲。她想是阿樂來找她了，滿心歡喜的爬起來，赤着兩腳開門，但門敞開，外面只有空蕩蕩的走廊，和她空空洞洞的心跳聲。

咚咚的聲音愈是沉悶，愈能幫助入睡，不知到了什麼時候，阿樂朦朦朧朧的合上眼睛睡去。三月雨是夢，夢是三月雨，都是帶着濕潤，沒有形狀，黏糊糊的不帶響聲。來到夜深，雨還是下個沒完，綿綿細雨，霏霏微微，將兩顆寂寞的心靈黏纏在一起。

他們分別來到一條無人的長街，沒有圍觀的人羣，也沒有擾攘的聲音。走過輕鐵月台，經過服務處門外的空地，最後還是來到那條行人隧道。行人隧道亮着昏黃的燈，狹長的隧道一直伸延下去是光之出口，一輛無人的輕鐵在隧道上面駛過，他們各自站在出口的兩端，不知道自己成了對方眼裏的一點光。

阿樂走進隧道，拍拍沾在風衣上的雨水，看着隧道出口的影兒。葉嵐舉着傘走進隧道，瞇起眼睛，只看到對面一個黑色的身影。阿樂停下腳步，呆呆望着對面的人兒。葉嵐收起雨傘，怔怔的看着前方的身影，那個她朝思暮想的人，竟在眼前。阿樂行前兩步，又停了下來，深呼吸一下再往前奔。葉嵐加快腳步，走向阿樂，把手上的雨傘丟掉，跑到阿樂跟前。地上濺起水花，水窪反映着兩人朦朧的倒影。二人擁在一起，抱得很緊，緊得像要融入對方的身體裏去。天地恍惚，但情人纏綿的擁吻卻是無比清晰。

天是矇矇亮的，阿樂和葉嵐睜開眼睛，激動得臉上全是溫熱的眼淚。夢裏短暫的重逢，更教他們晃晃悠悠，抱着被單，把臉埋在尚有餘溫的地方，回味着跟對方懷抱時的溫存。他們合上眼睛想着美夢，似乎終究要親自去看一看，方能確定現實是否一個暫時中斷而沒做完的美夢。

阿樂在隧道走着，地上是黏濕的雨水，昏黃的燈還在亮。眼前所見的跟夢境沒兩樣，只是出口處沒有要遇見的身影，只有一個佝僂老人推着板車吱吱咯咯的走過。阿樂失落地在隧道徘徊，又靠着牆壁站了一會，忽見一隻斑鳩飛到自己腳邊，在地上畫了個圈，咕咕、咕咕地嘟囔，聲音很是淒酸。阿樂聽着心頭一酸，不禁覺得自己可惡又可悲，明明自己拒絕了葉嵐，還妄想可以相見，真是天真得可以。過了良久，行人隧道開始出現零星上班的人，阿樂怔怔的看着隧道出口，只見迷濛的冷雨，仍然密匝的灑着，他理一理身上的風衣，抽一下鼻，低下頭，一個勁兒向前跑，讓自己消失在朦朧的煙雨中。

葉嵐舉着傘來到隧道，水窪倒映着油油亮亮的光。黃燈剛剛關上，透過淡薄的日光，隱約可以見到幾個上班族臉上的倦容。隧道裏的人很少，疏疏落落的，寧靜得很，只有斑鳩拖着尾巴，避開地上的水坑，咕咕、咕咕寂寞地鳴叫。葉嵐沒看到阿樂，心涼了半截，這時又聽到斑鳩淒楚的叫聲，眼裏又浮起了迷霧。她模糊了的眼睛望向隧道盡頭，心裏悵然若失，前面只有煙雨朦朧，和一點小得漸漸看不見的黑點。

天漸漸放亮，葉嵐仍在隧道裏左右顧盼，來回踱步，她擦一擦眼睛，看着茫茫白日，竟懂得安慰自己，或許跟阿樂的夢還未完的，說不定合上眼睛，便會見到他！

3

夢的後遺可以很長，尤其情人繾綣，更會令人戀戀不捨，甘於在夢裏徘徊千轉。那天以後，葉嵐和阿樂不時會做着相同的夢，有時夢短，有時夢長，醒來後總有一種感覺，好像一塊石頭投進湖裏，幾圈漣漪自然在水面蕩漾開去一樣。

縱使現在，他們再沒有傻得一醒來，便急着要到隧道走一趟，但夢裏的感覺卻無比真實，皮膚留下的記憶都是揮之不去，所以在做夢後幾天，他們都會特意在隧道駐足、徘徊，碰碰運氣。可惜命運偏偏喜歡跟他們開玩笑，從不給他們碰上對方的機會，總要讓他們覺得只是自己一廂情願，久久不能釋懷而已。他們在離開隧道時，總需要花上力氣，閉上眼睛，將心緊緊地關上，靜待心湖回復平靜，像什麼也不曾發生過似的。直至下一次夢境來到，思念又再變成小石塊，在平靜的心窩裏投下幾圈的漣漪時，他們又會重新在隧道駐足，讓思念悄悄爬滿他們的心。

就這樣，在別後的日子，他們各自忙着在夢境與現實之間徘徊，忙着回到日常生活處理事情，忙着學習一個人生活也可以活得像一個人。葉嵐後來在屯門一所大學裏找到工作，負責課程統籌。之前萍姐因為跟婆婆的交情，用一個很便宜的價錢把房子租給她，如今她找到工作，便再沒有繼續住下去的理由。她把房子還給萍姐，在大學附近找了一個單位，是一個可徒步前往辦公室的地方。當然，她大可搬回市區，重新過上多姿多彩的生活，不過既然工作的地點在屯門，也就沒有搬回市區的必要。乘搭西鐵，不用三十分鐘便能到達市區，而她住的地方，沒有旅客拖着行李四處奔走，似乎有很多原因，都讓她開始愛上屯門這個地方。

葉嵐在校園裏，經常見到許多年輕的臉孔，當然也有許多出雙入對的情侶，看着他們，都不禁流露着羨慕的神情。她沒有心思再投入新戀情，日子反而因此過得踏實。她在計劃新學年報讀碩士課程，或許是人類學，或許是文化研究，只要是跟人類心理或羣體活動有關的課題，她都感興趣，只是修讀什麼，現在還未有決定。她最近開始跑步，由起初只可以跑四公里，慢慢升至十公里；在街上跑步的時候，只要遇到跟阿樂身形相像的跑手，她都會靜靜地跟在後面，要是跟不上，給他們拋離，心裏會有種莫名的失落感覺，好像真是給阿樂撇下一樣。後來，因為體能提升了，她開始報名各樣街跑比賽，每次比賽開起跑的時候，她都會下意識地四處張望，希望能在茫茫人海中重遇阿樂。

至於阿樂，他的生活並沒有特別驚喜的事情，可能沒再受到刺激，幻覺也再沒出現。阿樂心裏很清楚，當天是自己拒絕了葉嵐，今天就理當灑脱一些。不過當他經過廚房的時候，偶爾也會往窗外張望，偷看葉嵐的單位。一天，他發現房間的燈光換了顏色，而且亮起燈時，他隱約見到窗口掛着孩童的衫褲。阿樂有種感覺，或許葉嵐已經搬走了。

阿樂在圖書館工作的日子很是穩定，後來更報讀了一個晚間文憑課程，是為照顧有特殊需要的學生而設計的。他取得文憑證書後，在一所特殊學校找到教席，便辭掉了圖書館的工作。跟有特殊學習需要的孩子相處，讓他覺得特別的親近，也讓他特別的安心。他的日子真的過得很平常，閒時跑步，按時服藥、覆診；只是偶然在夜深人靜的時候，聽着時鐘針擺滴答滴答的聲音，會感覺到平淡的人生好像欠缺了什麼。

兩人的日子如常的過，一如輕鐵每天在鐵道上滑行，巴士每天氣喘似的靠站停泊。馬路每天傳來飆車的聲音，街道總有婦人喝罵孩子，屋苑附近的空地會有狗隻為了爭霸地盤而吠叫，白天他們在校園穿梭，夜裏會做夢——這是阿樂和葉嵐的日常，是他們的日與夜。

4

初夏來了，開始下着黃梅雨，雨粉在半空蕩漾，看着特別容易令人發愁。曾聽說，下雨天和星期一都格外令人心情黯淡，葉嵐瞅着昏沉的天，心裏也有這種感覺。

葉嵐別過臉，又重新集中精神處理文檔。正感到納悶之時，電話響起，是萍姐的來電。葉嵐覺得奇怪，怎的萍姐會忽然找她？她接過電話，跟萍姐互相問候幾句，萍姐便説出重點來。原來萍姐的新租客收到葉嵐的郵件，於是她特意通知葉嵐適時取回，以免誤了什麼事情。葉嵐看看手機的日程，下班後沒有會議，跟那個租客通了一個電話，説當晚會過去取，兩人相約好時間便掛了線。

下班時分，雨還是下個沒完，天空壓得很低，空氣還有雨水的味道。葉嵐收起長傘，站在輕鐵月台候車，當列車來到，便順着人羣擠進輕鐵裏，在車廂中搖搖晃晃。過了幾站，好不容易才在車尾窗邊找到站立的位置，她看着車窗，發現外邊的天色比剛才又暗了一重。兩年沒回去了，舊地重遊，葉嵐的心情難免有點起伏。雨粉落在玻璃上，糊掉四周的風景，唯獨遠山的燈火隱約地在車窗外排列着。她把臉貼在玻璃窗上，看着糊了的街景，讓模糊的情感在心裏靜靜流淌。其實葉嵐已經不敢再奢望什麼，畢竟這些年來，阿樂好像真的消失了一樣，就是連她生辰或特別的節日，也沒有給她留一個訊息；不過她心裏還是暗暗的希望，郵件是阿樂寄她的東西，即或是一張沒有下款的明信片也好。

當輕鐵駛到屯門醫院的車站時，工作了一天的阿樂已經疲憊不堪。今天校內一個患有情緒病的孩子，因為父母離異而自責，竟在校內尋死。阿樂在洗手間裏發現他時，他已經吞了大瓶藥丸，還有許多細碎的、不知名的藥物散落一地。阿樂急忙報警，坐上救護車陪伴孩子到醫院去，其他同事則替他通知學生的家長。阿樂在急症室看到孩子的父母時，他們都臉白如紙，緊張得兩手發抖。醫生替孩子洗胃，阿樂跟他的父母焦急地在病房外面等候，直至看到孩子甦醒過來，蒼白無力的喊了一聲媽媽、爸爸，阿樂的眼淚便不禁滑了下來。阿樂心想，生命是極其寶貴，一個人生來有病，也不是自己能控制或改變，但人總要學懂愛惜自己。於是，他安慰孩子，又跟孩子的父母好言勸說了幾句，待孩子的情緒平靜下來，才離開醫院。

輕鐵在晃動，車廂裏的人也隨着列車搖晃。阿樂的心思完全無法平靜下來，可能因為把孩子救起時，用力地抱着孩子，這令他想起自己病發時，葉嵐緊緊抱住他，用身體擋着牆壁不容他受傷。想着想着，心裏對她的思念，又再冒起。這時列車拐了一個大彎，他沒站穩腳步，身體微微向前一晃，在剎那間，竟在前面的車廂看到葉嵐的側臉。他驚訝得不敢相信，拍拍腦袋，想着不會又是看到幻象吧！

阿樂擠到前方的玻璃窗前，想要看清那是葉嵐，還是幻象。只見她時而蹙着眉頭，心事重重；時而遠眺着窗外風光，若有所思；眉宇間流露的神情，都真實得令阿樂怔住。路軌曲折，葉嵐的臉隨着車廂的擺動，消失，浮現，又消失，直像遠山的一點光在煙霧中忽隱忽現。阿樂的額貼着車窗，詫異地看着前方，其實他可以說服自己在前面那節車廂的只是幻覺，不過他的心卻不願意。

阿樂感覺到自己的心噗通地跳着，直是給什麼牢牢抓住一樣。他的腳像生了鏽的鐵焊在車窗前，眼光沒法轉移到其他地方去。即或輕鐵靠站停下，又再前駛，過了許多車站，阿樂的額頭依然貼着玻璃，想要從朦朧的水氣之間看清時而出現、時而消失的葉嵐。葉嵐跟他，始終隔着進進出出的乘客，跟一節車廂的距離。

沒多久，輕鐵已駛到他家附近的車站，但因為心神都專注在葉嵐身上，阿樂完全沒有要下車的意思。車門開啟，乘客像河牀裏上下游動的魚雜然交錯，有的湧進去，有的擠出來，葉嵐的身影就這樣淹沒在人海中。他很想看清葉嵐有沒有下車，但怎也沒法確定。這時，乘客又再擠進車廂，輕鐵發出廣播，提示車門即將關上。阿樂不住的張望，擔心會就此錯過葉嵐，於是他硬着頭皮，在人羣之間擠出一條沒法看得見的路。他握着扶手，走到側門去，透過車門的玻璃，像偵察機似的瞥視月台上的人羣。

月台滿是歸家的人，在許多準備打開的傘子之下，他猛然發現葉嵐的身影。這時車門已關上，輕鐵徐徐發出兩聲「叮、叮」的聲音，阿樂的額貼着玻璃，眼睜睜看着一把把傘子在月台兩邊撐開，如同花兒次第盛放，花一朵一朵的綻開，把葉嵐的臉覆蓋，她的身影最終隱沒在花叢之中。

葉嵐離開月台，撐起一把透明長傘，便往私人屋苑方向走去。她抬頭看着曾經住過的地方，似乎沒什麼變化，一切還是她初次搬進屯門時的樣子。她走進屋苑內，發現許多戶人家已經亮起燈來，隱約還可嗅到廚房傳來燒菜的香氣，想必許多家庭正在準備晚餐，要跟家人享用晚飯。她看着許多昏黃的燈，心裏浮起了一絲失落，她想，孤獨的人，其實最好不要在用膳時間造訪別人的家。

在車上的阿樂萬分焦急，當輕鐵在下一站停靠時，他急忙下了車。雨點紛飛，阿樂拉起衞衣的帽子，直往上一個站奔去。本來行人路已不算寬闊，還要遇上下雨天，路上全是撐傘的人，跑起來必須左閃右避。阿樂想到要是再耽誤時間，找到葉嵐的機會就更渺茫了，於是他乾脆跑在公路上，向着遠處看起來好小的橙色月台直奔。

公路上積着水窪，每踏上去，水窪便會震動，阿樂跑着，心裏也在疑惑，剛才看到的真是葉嵐嗎？會不會在醫院裏情緒受過刺激，腦裏出現幻覺？他的臉被雨水沾得濕塔塔的，晶瑩的水珠落在他眼睫毛上，反映着如幻似真的光。他一邊跑，一邊想，如果剛才看見的不是幻覺，那意味着他跟葉嵐是故人重逢，不就是這麼簡單的一回事嗎？為什麼他的心竟如此害怕，好像找不到她便會錯過什麼重要的東西似的？

在阿樂奔跑之時，葉嵐已進到大廈去了。她不知道大廈的新密碼，但管理員還是同一人，他認得葉嵐，見到她便主動給她開門。葉嵐跟他說了聲謝謝，便走進電梯去了。她來到從前所住的單位，按下門鈴，開門的是一個年輕少婦。

「你好！我是葉嵐，是萍姐以前的租客。」

「啊！是你！先進來吧！」女主人親切的説着，然後給葉嵐開門。

葉嵐進到屋裏，果然餐桌上已經擺放了煮好的飯菜，不過男主人似乎還沒回來，客廳裏有孩子專注的坐在地上玩火車。女主人請葉嵐先坐着，待她把郵件找出來。

葉嵐坐在椅子上，孩子看到家裏來了一個陌生人，便睜着好奇的眼睛看着葉嵐。那孩子看上去大約兩、三歲，已經能説話，也能張開大腿站起來，穩住重心。葉嵐跟他笑了笑，又揮手跟他問好，孩子看着覺得眼前這個人沒有威脅，便拿着小火車走到葉嵐跟前，口齒不清的嚷着：「火車啊！火車啊！」葉嵐接過孩子手上的火車，扮了幾聲火車開啟時「轟、轟、轟」的聲音，引得孩子瞇起眼睛，哈哈大笑。

葉嵐一邊逗着孩子，一邊看着屋裏的家居佈置，發現這裏跟自己從前住的時候真是大相逕庭。家裏掛滿大大小小的合家幅，相片全是孩子燦爛的笑容，看着已能感覺到這個小小的居所，洋溢着幸福家庭的愜意與溫馨；這種氣息，確是牽動了她內心一點隱密的情感。

阿樂氣喘呼呼的回到月台，但月台只有三兩乘客在候車。他四處張望，卻哪裏有葉嵐的蹤影？阿樂不願就此放棄，像沒頭蒼蠅似的圍着屋邨、公園和附近的食肆不斷走，哪怕只有些微的希望，他也想要試試。這夜的街燈好像忽然比平日亮了許多，把雨夜的街頭照得份外通明，也令阿樂的忽然澄明起來。他明白了，不論是擦肩而過，還是故人重逢，對他們來說，都可能成為永遠。兩條平行線，或許可以在這夜交匯在一起，也可以從此愈走愈遠。若不是如此在街上重逢，他恐怕自己一輩子都沒有勇氣說出心裏的話。

阿樂沒有計算自己來回繞了多少圈，他一直走，一直走，每看到舉傘的人，都彎下腰窺看他們的臉。有的路人給他的舉動嚇驚，側目看着他，有的路人則對他發出厭惡的聲音，阿樂顧不得了，他只想找到葉嵐，他不能讓自己再錯過面前的機會。他穿過隧道，在自己住的屋邨與葉嵐住過的屋苑之間不住徘徊，直至紛飛的雨水在眼裏浮着，直至路上行人的臉孔變得模糊不清，他終於停下腳步。他閉上眼睛，深呼吸，把心頭盪起的波瀾撫平。風吹動樹葉，發出沙拉沙拉的聲音，直到葉嵐的樣子漸漸模糊，他才緩緩張開眼睛，獨個兒沿着路燈，回到那個只有他自己的世界去。夜風吹過阿樂微濕的身體，他低頭走着，讓哀愁像一點一點的雨水，漸漸爬滿他的心窩。

葉嵐在屋裏逗孩子玩着，其實她也不知道自己是什麼時候有了轉變，竟覺得孩子也有幾分可愛。沒多久，女主人走到她身邊，把信件交給她。葉嵐接過郵件，心急地在女主人面前打開，發現那是香港大學一百零五周年的紀念校刊，她不禁對着校刊失笑，竟誤以為阿樂會寄她東西，或許自己真是想多了。她站起來，跟女主人道了謝，便起身告辭了。

葉嵐來到屋苑樓下，毛毛雨還沒有休止的意思。她打開傘子，輕盈的雨水滴在上面，令一把透明的傘起了一層如煙的霧氣。她的心有種茫然若失的感覺。她走進公園，希望在雨中漫步能讓心情好轉，但似乎沒有多大作用。

後來，她信步而行，竟來到附近那條行人隧道，就是在夢裏徘徊過千百轉的地方。街燈昏黃，行人稀少，隧道的盡頭依然是那個光之出口，但似乎生命不像夢境，並就沒有那麼多的巧合。夜雨裏的牛蛙呱呱的悶叫着，葉嵐透過佈滿小雨點的傘，望着夜空呼了口氣，心道：「沒所謂吧！只要阿樂過着他希望過的日子，讓我們的故事就此結束，也未嘗不是好事吧！」

哀愁像雨，從天空落下，帶着幾分感傷。阿樂和葉嵐分別走在行人隧道的兩端，出神地想着圖書館那夜的一句說話——「或許，是時候從美夢中醒來了。」

就在他們沉思的時候，忽然一輛單車飛快地在隧道裏滑行，先越過阿樂，再越過葉嵐，發出一串粗暴的響聲。單車高速駛過，將站在隧道出口的阿樂嚇個正着，阿樂正要掀開帽子，看清那無禮的騎車客是什麼人時，心突然「咯」的跳了一下。在隧道彼端，他隱約看到一個身影，拖着輕紗裙子，低頭抹着裙擺的雨水。阿樂心裏的憤怒頓然消失，顫巍巍的看着前方，直是不肯相信。

單車聲響亮地穿過隧道，同時把瀝青路上的水花濺起。葉嵐彎腰抹着裙擺，風從後面吹來，裙擺高高的揚起，她急忙轉身撳着裙尾，隨即看見一個暗暗的身影，一動不動的站在隧道彼端。兩個人在隧道口默然無語，怔怔的看着對方，夏夜的牛蛙一再呱呱地叫着，他們依然站在原地。夜雨佔據了外面的天空，在濛濛煙雨下，兩個身影都是依依稀稀，看不清楚。

葉嵐的心「撲通」一跳，始終不敢相信自己的眼睛。她取出手機，按下阿樂的電話號碼，隧道彼端傳來手機鈴聲，竟然是王菲的歌聲。阿樂看着手機熒屏，上面顯示了葉嵐的名字，這一幕有如夢境，有些難以置信，卻又是如此真實，不同的只是夢裏的相遇，從來沒有響起過這首歌。阿樂沒接聽電話，一步一步向前移動，讓歌聲在隧道裏周圍迴旋，愈唱愈纏綿。

Darling, so there you are...
With that look on your face...
As if you're never hurt...
As if you're never down...
How can I let you know...
I'm more than the dress and the voice...
Just reach me out then...
You will know that you're not dreaming...

雨，密密匝匝的下着。兩個身影慢慢步近，漸漸看清彼此的面容，起初微帶愕然，然後浮現喜悅的神色。地上一團團的水窪，隨着兩雙足印踏過，泛起一圈圈漣漪。兩個身影掠過水灘，發出淅淅颯颯的聲音。那聲音愈來愈快，愈來愈重，水灘的倒影由起初的幾圈漣漪，變成許多波紋往外層散開，到後來甚至抖動得連兩個身影也看不清楚。終於，在隧道中心的一灘鏡水裏，隱約見到兩人合而為一，把對方擁入懷裏。

細雨飄飄，為天地罩上一層透明的薄紗，相擁着的身影在水中時隱時現，似有似無。阿樂和葉嵐緊緊抱住，像是要把對方融進臂彎之中。雖然這情景，已在夢裏夢過千百轉，但此際合上眼睛，都不禁覺得比夢裏所見的更像一場夢。光影斑駁，雨點紛飛，兩個曾經咫尺天涯的人，在靜默的夜裏，在無人的隧道中，感受着長久以來遺忘了的溫暖。他們看着彼此的眼睛，眼睛裏都冒起一層水霧，水霧裏盡是夢幻的浮光。

雨，不期的來，不期的去。地上的水窪，映照着昏黃的街燈，像片片星空的碎片，令本來黯淡無光的長夜，幻化成情人眼裏的一片星海。

「那是幻覺，不是真的！」阿樂一再強調。

阿樂呆呆的看着阿玲，好像一齣關於精神病康復者的預言電影，
就在眼前放映一樣。不過這不是電影，而是阿玲真實的人生。

她倚着玻璃窗細看着街道，彷彿再普通不過的屋邨街景，在她眼睛裏都能成為一道風光。

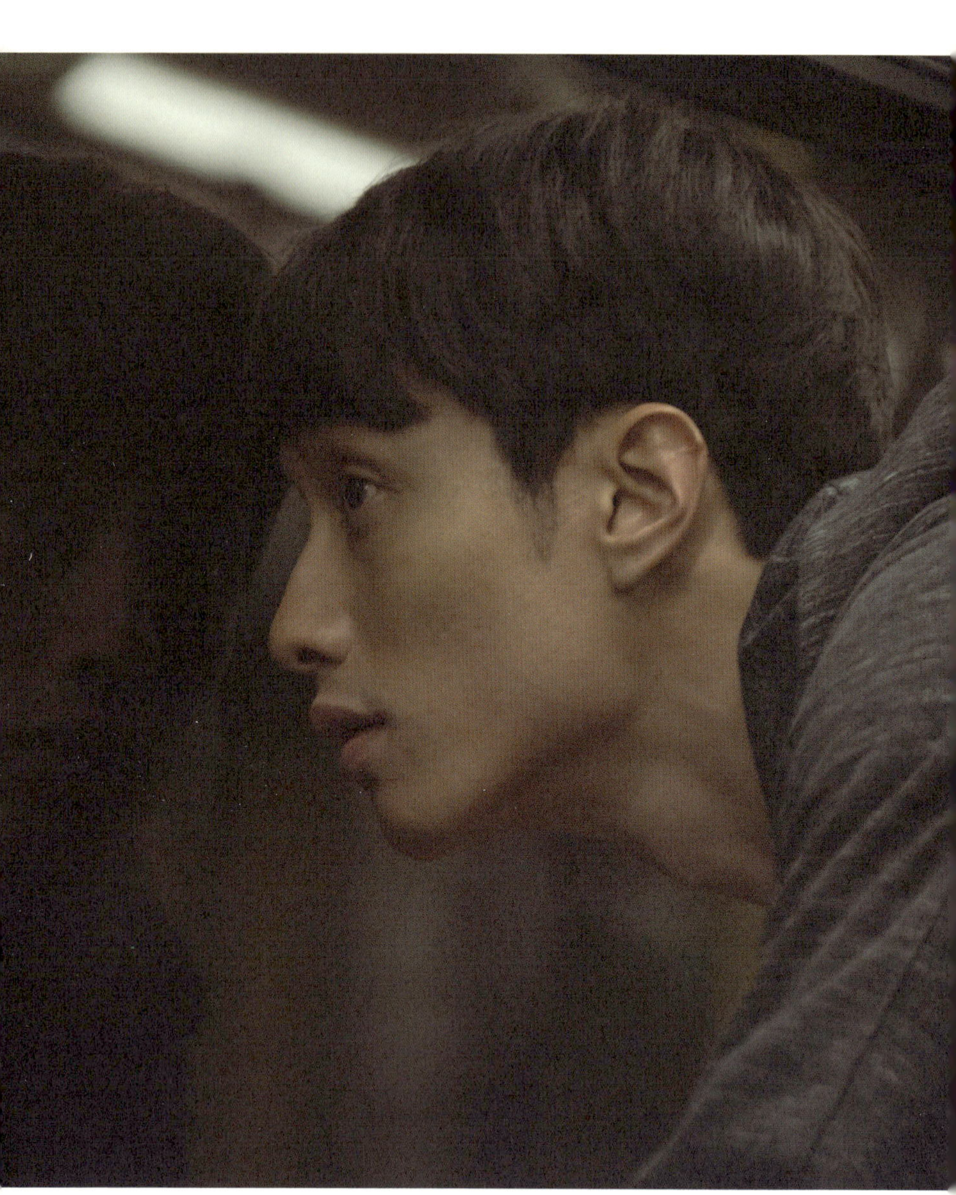

阿樂望出窗外時，竟在前面的車廂裏發現一張熟悉的臉孔。他的視線一直注視着前面的車廂，眼睛再也沒法轉移到其他地方。

門口土地

阿樂和欣欣開始形影不離，他們會逛街、逛公園、逛碼頭，跟許多情侶一樣會通電話、發訊息、靠在走廊聊天，過着相看兩不厭的日子。

阿樂隨即轉身，卻不見欣欣。正當他在猶疑自己是否幻聽之際，欣欣突然從他身後撲向他，一把抱住他。阿樂嚇了一驚。「害怕什麼？是不是有什麼東西瞞着我？」欣欣甜絲絲的説着。

船在他們面前駛過，如同將要遠航；阿樂兩腳立在地面，抱住眼前人，他哪裏都不想去，因為眼前的欣欣就是他今生所有。

一列輕鐵忽然在月台前急促煞停，發出極其尖刺的聲音，那聲音銳利得好像出鞘的刀刃，在空氣中拖着長長的銀光。

他的眼睛坑下去了，眼圈發黑，兩手撐住地面，好像闖了大禍一樣。他感覺到走廊盡處有一雙眼睛正在監察自己，回頭一看，竟見到另一個跟自己長着同一臉孔的人，在走廊的盡處跌坐地上，喘着氣，一臉惶恐的看着他。

報名日

葉嵐急地追上前去，走在阿樂跟前，轉身問他：「我們之前是否見過面？」

在按門鈴之前，她確是猶疑了一陣子，想着這樣找他會否太過唐突，反而壞了事情，但細想現在事情不就是已經很壞了嗎？

如果說那是當事人交給輔導員的「功課」，倒不如說那是阿樂送她的親筆信，這會更為貼切。他的字、他的話每句都是帶着溫度，可以讓人直接閱讀到他的心。

阿樂放下水杯，伸手想取回那張「功課」，恰巧葉嵐同時也想將那張紙交給他，兩隻手不小心觸碰到對方，阿樂連忙把手縮回去。

遠山的斜陽漸漸落下，在天空留下一層金黃、一層橘紅、一層紫藍。她忽然發現，自己竟在腦海裏跟阿樂談了一場戀愛，這些片段和感覺，跟許多色彩交織在一起的黃昏一樣，短暫卻美好。

忽然，車身一晃，阿樂的鼻子湊到葉嵐的面頰。葉嵐抬眼望他，兩張臉直是要貼在一起。在四目交投的當下，葉嵐忍不住告訴阿樂：「今天是我的生日。」

像這樣帶着涼意的晚上，其實他只要一伸手，便可牽着她走，兩個孤單的人就能分享溫暖了。不過他是規規矩矩的人，就是沒有這樣做。

屯門碼頭614
1044

阿樂抬頭，看到葉嵐修長的臉蛋，在夕陽下，她的皮膚白裏透紅，臉上嵌着一雙烏黑的眼睛，眼睛裏流露著笑意。

阿樂聽着葉嵐說話，感覺到她的無奈與唏噓。葉嵐一直看着遠方，大海蒼茫，什麼也看不見。

兩個人手拉手對望着，傻傻的笑着，心跳同步，愛情的話語全在彼此的眼眸中。這時，隧道上有一列輕鐵駛過，發出「叮」、「叮」的聲音，這情景夢幻又熟悉。不過阿樂知道，這一切都是真實的。

「葉嵐是我最好的學生，我比你更加緊張她，你可能不明白，輔導員跟 client 之間不可以發生關係。」

葉嵐驀然發覺，在阿樂與前途之間，她只能二擇其一，絕望感直像黑沉沉的大山壓在她身上。

「她又想騙你了。」欣欣說話時一直抱着阿樂不放。

「李志樂，你看着我！這裏只有我葉嵐跟你兩個人！」

表

阿樂鼻子一酸，徐徐轉身望着葉嵐，坦誠的跟她說：「葉嵐，跟你一起的時間我真的很快樂，謝謝你。但對不起，我想，我們是時候要從美夢中醒來了！」

兩個人在隧道口默然無語，怔怔的看着對方，夏夜的牛蛙一再呱呱地叫着，他們依然站在原地。夜雨佔據了外面的天空，在濛濛煙雨下，兩個身影都是依依稀稀，看不清楚。

1 阿樂的家（內景於湖景邨拍攝）。

2 葉嵐的家，可遙望友愛邨（內景於灣仔交加街拍攝）。

3 阿樂經常在這裏等待欣欣，後來在此發現欣欣是幻覺。

4 恩善會愛心服務處的拍攝場地（內景於黃大仙聖文德堂拍攝）。

5 阿樂家的內景、井字型公屋走廊的拍攝場地。

6 美樂花園外茶餐廳，葉嵐提出想停止跟阿樂輔導。

7 欣欣告訴阿樂，無論他是癲或是傻，她都愛他。（電影刪減情節：葉嵐海邊哼歌，阿樂未敢表白）。

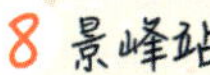

8 輔導後，葉嵐撞到阿樂，一起行去輕鐵站。

9 阿樂跑步後，幻想與欣欣對話；葉嵐與阿樂拍拖，首次跟小孩開懷地玩。

10 阿樂辭任小學教職後，轉到圖書館工作。

II 幻愛之外

對談

電影創作對談

不同於文字小說，電影是影像的藝術，從劇本到拍攝，再到剪接、混音等後期製作，是一個不斷創作的過程。我和周冠威導演進行了一次對談，分享我們在製作《幻愛》時眾多的創作思考，甚至實際考慮，讓讀者了解我們背後的創作動機之餘，在閱讀電影小說的同時，也可以比對一下電影成品的異同。在香港電影低潮的今天，要成功開拍以至完成一齣電影確實是不容易，希望透過我們的案例，給關心香港電影的人一瞥本土製作的實況，一同思考香港電影的未來。

——曾俊榮

周：周冠威　曾：曾俊榮　記錄及整理：曾俊榮

曾：《幻愛》電影是如何出現的？

周：二〇〇四年我在香港演藝學院畢業，翌年在母校任教，當時我要協助同學完成一條畢業短片。學生想寫一個精神病患者的故事，大意是他殺了住在樓上的女朋友。我即時反應是頗抗拒的，為什麼精神病一定要連繫暴力殺人？我希望學生可以學習，便跟他們一起做資料搜集，接觸真正的精神病患者及社工，想不到我竟然對這題目愈來愈感興趣。有些病者確實很容易從外表上分辨得到，但有些其實跟「正常人」沒有分別。有一個女病人跟我分享她的戀愛及婚姻，甚至生了小孩，我當時很詫異，這就說明我對精神病人有多大的誤解，確實擴闊了我的視野。後來，我讀到一則新聞，是一個女人精神病發，在街頭脫光衣服小便，途人不是保護她，而是用手機拍她。我很憤怒，而這激起了我的熱情，很想拍這題材。那段時間，我恰巧經歷失戀，很孤獨，想再戀愛，我便猜想，精神病人其實跟我一樣，會渴求戀愛。這樣，電影跟我相通了，主角的慾望，也就是我的慾望。所以，我是經歷了四個階段，從厭惡到好奇，再到熱情，產生慾望，然後就導演了一條短片，叫做《樓上傳來的歌聲》。

這短片反應甚佳，當時的導演系導師（後來曾擔任電影電視學院院長）舒琪老師更跟我說：「這短片證明你有能力駕馭長片了！」這對我有很大鼓勵，我便把短片改編成一個長篇劇本，就是《幻愛》的雛形。舒琪老師當時也有參與劇本創作，甚至嘗試找資金開拍，可惜沒有成功，而我後來攻讀電影碩士課程，就把這個劇本擱下。

曾：當你在碩士班執導《一個複雜故事》時，我有份一起討論劇本，那算是我第一次正式跟你一同創作，感覺幾投契。當時，我在大學裏有正職，心裏卻很想繼續電影創作，便找你一起寫劇本。我們最初寫的劇本是關於炒股票的，最終找不夠資金開拍，才發展另一個新劇本。你告訴我，你已把《樓上傳來的歌聲》改編成一個長片劇本，那時我才第一次看。我覺得點子相當有趣，阿樂竟然遇見跟幻覺欣欣一模一樣的人。新出現的女主角是一個真實的人，又是心理學系學生，需要更多深入討論及描寫，於是我們花了極多時間處理葉嵐出現後的部分。初稿本保留了阿樂母親的角色，後來經過反覆討論，希望把電影定位為愛情片，集中在男女主角的關係上，便決定刪除了樂母。原稿中，阿樂比較受母親照顧，自覺是一個弱者，可能這也是一種偏見，精神病人就是需要被受照顧。刪掉母親的角色，令阿樂感覺獨立、堅強一點。

周：另一個原因是初稿太長了，刪掉樂母可有更多篇幅描寫男女主角的感情。

曾：葉嵐這個角色不是太討好，跟很多男人關係混亂，機心又重，為什麼最初會這樣選取？

周：都是戲劇考慮，把欣欣和葉嵐的性格明顯對立起來。到後來拍攝，我反而嘗試把兩個極端性格的角色在形象上融合，某些場景，她們會穿上對方 style 的服裝，我甚至思考，葉嵐會否也想變成欣欣一樣？就像葉嵐跟阿樂重回輕鐵站回憶與欣欣分手那場戲，阿樂說喜歡欣欣不會騙她，葉嵐坐在欣欣昔日的位置上，卻取代不了欣欣在阿樂心目中的位置，這成了葉嵐永遠達不成的慾望。正因為這樣，葉嵐跟阿樂才互相吸引，彼此都給對方一種嶄新的體驗。

曾：葉嵐這個角色，另一個目的是帶出一個很重要的主題，無論你是精神病患者抑或是心理學家，每個人其實都一樣，會有創傷、缺憾，不會因為你是專業人士，就沒有問題。

周：無論是小說或是劇本中的葉嵐，其實是更工於心計、對性方面比較隨便，當演員蔡思韵拿到劇本後，基於她的性格，以及對演出尺度的接受程度，我們都修正了這個角色，變得沒有那麼露骨。電影就是這樣，劇本是要演員消化後演出，只是藍本，不是成品，由拍攝到剪接，可以不斷地變。

曾：我是第一稿之後，才正式參與劇本創作。我本來對精神病、心理學的認識是非常膚淺的，完全不能想像精神病人的世界，後來跟真實的精神病患者見面，對我的思想有很大衝擊。我第一次接觸精神病康復者，感覺非常震撼，他是一個社工，頭腦清晰，說話溫文，又有理論基礎，但他曾住過精神病院，也曾經出現嚴重幻覺，我才驚覺自己對精神病人的stereotype太嚴重。現實中，所謂「正常人」與「精神病人」的界線其實相當模糊，或者根本不存在。

周：對，精神病人不一定是殺人犯、流浪漢，也可以是社工、教師。那一次見面，還有另外兩個精神病患者，他們是情侶，症狀都很嚴重，關係卻非常甜蜜，互相扶持。他們對愛情很認真，講犧牲、承諾。精神病人的戀愛可能就是這樣，不能膚淺。另一個康復者，現在也做了社工，專門幫助精神分裂症患者。他認為藥物幫助病人有限，最重要是解決病者的心理創傷。這不但影響了我們如何理解精神病，也影響我們如何連結葉嵐這角色，也連結所有觀眾，因為我們每個人都會有心理創傷，跟精神病人是無分別的。

曾：這個觀點主導了整個劇本創作，但把精神病看成是身體對心理創傷反應的機制，這個理論比較新，甚至有些精神科醫生未必接受。例如有一位受訪者是性侵受害人，有人格分裂症狀，他們會理解為大腦想保護她，既然逃不出那個處境，只好讓她「斷片」，免她受進一步傷害。

周：另一個我見過的精神病患者經常有幻聽，被人咒罵。他分析是童年時經常被母親罵，那些咒罵聲都是母親的聲音。他長大後脱離了媽媽，聲音卻一直跟着他。他無法消除幻聽，開始習慣了，甚至為他帶來一些安全感，最後他選擇與幻聽共存，而不是消滅它。

曾：做有關心理學家的資料搜集是另一極端，我們有另一種stereotype，覺得心理學家很專業，但他們都只是一個普通人。我們有一個編劇舊同學，後來讀了心理學博士課程，準備當臨牀心理學家。她跟我們笑説，她的同學大多都有心理問題，這可能是戲言，但某程度也是現實，很多人因為心中有鬱結、難題，才引發興趣讀心理學。

周：我本來也想讀心理學的，因為我以前曾被輔導過，覺得自己也有心理問題（笑）。

集資與選角

曾：電影不同寫小說，小說寫完就是成品，但劇本寫完沒有資金便拍不了。在我看來，劇本是沒有獨立存在的意義。我們最初寫那個炒股票的劇本，最終找不到資金，便重新修改你這個丟下了近十年的劇本，申請電影發展基金，想不到反而成功了。基金只資助總成本的百分之二十，其餘的投資都要另外再找。沒有了中國市場，單純本港票房很難回本，我們又沒有明星卡士，劇本也不是很典型的商業片，很難找人投資。

周：對，二〇一四年，我拍了《十年．自焚者》後，被公認是不能進入中國市場的導演，開戲更難了。不過，有危也有機，因為《十年》，我認識了 Winnie（曾麗芬，《幻愛》出品人及監製）及 Andrew（蔡廉明，《幻愛》監製）。

曾：說來真幸運，基金規定成功申請資助後三年內要完成電影，否則便會告吹。這三年裏，我們又寫了另一個關於學童自殺的劇本，本來找到資金開拍，最終又因意外開拍不了。三年限期快到，眼看要白白失去政府的資助，卻得到 Winnie 和 Andrew 幫助，終於找到其餘的投資，趕及在限期前開拍。資金找到了，不如談談籌備。說一說如何找到兩位主角？

周：最初的男女主角並非劉俊謙及蔡思韵。幾年前，我們開始找演員時，他們可以說根本還未正式出道。本來有一個較有知名度的年輕女演員答應參演，後來因一些原因辭演，我們只好重新試鏡。那時 ViuTV 剛好播映電視劇《短暫的婚姻》，頗有迴響，有不少人叫我可考慮女主角蔡思韵。我看過後，覺得她的氣質很像葉嵐，便找她試鏡。當時她仍在台灣讀書，不過很有誠意，願意回來香港試鏡。結果，在所有女演員試鏡中，她的表現真的是最好。她給我的感覺很成熟，像讀書人，也會思考。在我看來，「像葉嵐」比「像欣欣」更重要，因為欣欣比葉嵐較易演。

曾：我也有看《短暫的婚姻》，很喜歡蔡思韵，也有建議你選她。當時我還刻意上網找尋她的資料，驚訝當時的她只有二十二、三歲，扮演媽媽卻非常有説服力，可塑性真的很高。最後決定選她時，我們根本還未夠資金開拍，就只有政府那筆資助，但她和當時的經理人麗芬姐（簡麗芬）非常信任我們，每次來到香港，都主動找我們見面，討論劇本，看看如何改進得更好。我真的很感謝她們。

周：我們還多次因資金問題推遲拍攝日期，她們都沒有怨言，每次都會重新預留檔期給我們，實在太難得。

曾：她還知道我們沒有錢，每次吃飯都堅持請我們（笑）。

周：男主角本來一直屬意另一位較有知名度的年輕演員。他很喜歡阿樂的角色，很想演，也到了簽約階段。臨開拍前大約三個月，他的公司大老闆得悉他要拍我的戲，突然要他辭演。

我們相信這與我拍過《十年》有關，當時真的晴天霹靂，但也重新試鏡，看看找不找到另一位男演員代替。最後，篩選了七、八個演員，我跟自己說，誰人表現最好就選那個。坦白說，那陣子我不寄予厚望，如果全部演員都不滿意，便再推遲拍攝。

我一開始不認識劉俊謙，對他的形象也沒有特別好感，覺得他比較像模特兒，多於演員。直至試鏡的時候，他的表現竟然非常好。很多試鏡的演員都很努力，特意準備了不少東西，像造型、小動作等，令我感覺他們演得像精神病人，但我對精神病人的理解不是這樣，我嘗試改變他們的演出方式，都不成功。唯獨劉俊謙做得很自然，沒有刻意演精神病人。

曾：男演員試鏡的劇本，選了葉嵐跟阿樂輔導，談到性話題的那場戲。其中兩場試鏡，我也在場，感覺頗為不安，甚至質疑是不是自己寫的劇本有問題，而不是演員演得不好。試鏡完畢之後，你才把早前劉俊謙試鏡的錄影片段給我看，我看完的反應是，「對了，就是這樣！」我接觸演員經驗不多，但那是第一次我明白什麼叫做「演活了角色」。

周：劉俊謙的性格跟阿樂有點相似，他很善良、隨和。剛巧那段日子，他人際關係上也有點失落，這都與阿樂相通。因此我較多利用劉俊謙的自身經歷幫助他去演阿樂這個角色。

相反，蔡思韵的真實性格跟葉嵐很不同。我提供很多資料給她，介紹她看很多書，帶她見精神病人、社工、心理學家，講很多故事給她聽，讓她進入葉嵐的角色。

香港電影很少有機會排戲，很多時候都是到現場才試戲，但我們安排了拍攝前的圍讀和排戲，令他們更了解角色之餘，也讓我們有機會不斷重新思考如何修改劇本，更切合他們的演出。在我們安排那幾天排戲之後，他們更會私下加練，真的非常認真。

曾：是，能夠找到這兩個條件這麼好，態度又認真的香港年輕演員，實在很幸運。

拍攝

曾：很多人都問，為什麼《幻愛》要在屯門取景？其實你寫的第一稿，場景設定在長沙灣及深水埗的，後來我加入才改為屯門。這有點個人因素，因為我在屯門住過一段頗長日子，比較熟悉屯門這個社區，寫起來更容易想像那個世界，而且覺得屯門很美，例如屯門碼頭海傍一帶，跟常見鏡頭下的香港景致很大分別，也很少香港電影拍過。我常常幻想有一天我能夠寫一齣以屯門為背景的電影，便索性把整個故事改在屯門發生，而你似乎也喜歡這個改動。

周：我之前對屯門很不熟悉，輕鐵可能也只乘過幾次，但當劇本改為在屯門發生，我覺得很適合。主角阿樂是一個孤單的人，不住市中心，改為住在屯門這較偏遠的地方，可能更襯托到他的性格。

另外，就是因為輕鐵。短片是在地鐵拍攝的，但現在港鐵月台加了幕門，我覺得很不美觀，而且變成長片，大量場景在港鐵拍攝也很困難。當故事換到屯門，拍輕鐵就順理成章。而且，輕鐵也有象徵的功能，阿樂經常在月台等車、列車車窗造成的光影、看見與看不見之間，也很能象徵阿樂的慾望，渴求愛情到來，患得患失。

曾：談談美術與攝影？

周：《幻愛》的情節游走於真真假假，虛虛實實之間。其中一個展現這感覺的攝影方法就是鏡焦，我們用了很多淺景深鏡頭，甚至有幾個鏡頭讓角色由遠方失焦，走近攝影機慢慢對焦，由朦朧到清楚。

另外就是服裝。欣欣和葉嵐兩人的服裝很不同，欣欣較活潑，葉嵐較沉實，但有些場景，例如欣欣在輕鐵月台被揭露是幻覺、結尾葉嵐一個人在家中像聽到阿樂的聲音，我們刻意把二人的服裝風格對調，增加那種虛實曖昧的感覺。

曾：這齣電影的難度在於如何準確拿捏「虛」與「實」，劇本用文字形容一場戲是虛是實，比較容易，但變成影像就較困難。

我們一直把電影定位不要太寫實，不想變成社會議題片，而是真正的愛情片。但如何不太寫實之餘，又不太抽離現實，是很考功夫。我覺得攝影師司徒一雷跟美術潘燚森做得很好。

周：或者準確一點，這是愛情心理電影，討論很多人物內在、心理的問題，所以攝影上用了很多特寫，目的是捕捉角色表情、眼神、小動作的變化，反而刻意少拍環境。不過，電影也有大量大遠景鏡頭，可能是我的喜好，鏡頭對比大一些，靈活一些，張力也大些。例如有幾個阿樂走過輕鐵站的鏡頭、在公屋天井拍下的俯鏡，我都採用了大遠景，更顯出他的孤獨落寞。

曾：你說到特寫，我突然想起一件事。第一天拍攝，是拍攝阿樂第一次病發後半年，重回服務處的戲分。那天我見到劉俊謙感覺很疲倦，整個人很不精神，我忍不住問他，是否睡不夠或是生病？他突然精神起來對我笑，原來他只是想保持戲中的狀態，但我見他的眼睛真的很紅，充滿血絲。他說，這個很容易，用手搓了眼睛幾下，眼睛便紅了。他真的很知道什麼是拍電影，在鏡頭前看得到的東西才有意義。有些演員有很多理論、很多看法，說了一堆天花龍鳳，如何理解角色云云，到演出時卻一點也感覺不到。

周：結尾阿樂病發那場戲，因想情緒連貫，很多鏡頭都要從頭演到尾。欣欣、葉嵐會同時出現，蔡思韵要換裝重拍，但劉俊謙則是每次都要演，需要很高情緒，很大能量。那場戲，他要用頭撞牆，某些鏡頭其實看不見撞頭的位置，我有禮貌地叫過他不用真撞，他卻堅持，否則整個人的情緒狀態便不可信。每次我喊停機，他都不能即時停下來，因為他已進入情緒，不是一下子叫停便停。他每次演完都要走出外面透氣，要時間讓自己冷靜，重新儲能量再演。他真的用了很大能量、心思，去演這個角色。

曾：那天拍完那場戲，我見他整個人仍是顫抖的，飯也吃不下。我不是演員，不知道這樣是好還是不好，但他是完全進入了角色狀態。

周：我相信他把自己的真實經歷和情緒，放進了角色當中，而不是單靠想像，所以那情緒是真的，不能說停便停。試鏡的時候，我跟他談到一些戀愛經歷，也覺得他與阿樂有相通的地方。

曾：蔡思韵也有一場情緒崩潰戲，不如也分享一下？

周：那場戲是一鏡到底拍攝的。我有問過蔡思韵，一鏡還是分鏡更能助她演出？最後，她選擇了一鏡到底，覺得演出更一氣呵成。到真正拍攝時，因為機器的問題，足足拍了二十次，一個鏡頭拍了超過四小時。你能想像，每一次她都要培養情緒，預備從頭演到尾，中途卻因其他問題被迫叫停，但蔡思韵真的很好，完全沒有脾氣，反而愈演愈好，真的很專業。

當日我也有一個小小的秘密武器幫助她演出。我從社工朋友聽過，一個少女非常悲慘的故事，覺得很切合葉嵐的背景，但一直沒有跟蔡思韵說過，反而在現場NG十幾次之後，我覺得機器和她的演出都純熟了，才拉她一旁跟她說這個故事，希望給她新的刺激，更投入葉嵐那刻崩潰的情緒。

剪接、補拍與結局

曾：剪接的時間不算很長，初剪後我們給了接近二、三十人看過，除了主創之外，電影業行內人、普通觀眾也有。較多意見認為葉嵐的角色不夠説服力，我們便討論有沒有可能新寫一些戲，進行補拍。我從未試過寫補拍劇本，如何在不破壞原來劇本結構下，新寫的戲分又要感覺自然，難度都幾大。最後，我們新加了這幾場戲：葉嵐扮病騙 Dr. Simon、Dr. Fung 指出葉嵐受母親影響了論文研究、葉嵐以退為進，引阿樂再接受輔導、阿樂幻想與欣欣對話，否認喜歡葉嵐、葉嵐在輕鐵站輕撫阿樂的頭。這幾場戲希望令葉嵐角色更立體，更令觀眾明白她內心的矛盾。補拍後觀眾的反應似乎都正面。

周：本來劇本有一個情節用了王菲的歌 *Eyes on Me*，是電子遊戲 Final Fantasy VIII 的主題曲，電影小説也保留了。阿樂喜歡這首歌，幻覺聽到以為是欣欣送給自己，而葉嵐巧合地也喜歡這首歌，甚至不經意在阿樂面前哼起來。我們本想利用這個近乎難以置信的浪漫情節去講緣份、命定的主題。我們花了很多時間找一首適合的歌，既要切合角色、情節，又能配合主題，有既熟悉（王菲的聲音）又陌生（王菲唱英文歌）的感覺，最後才決定用它。可惜，這首歌的版權費實在太貴了，我們付不起，最後忍痛放棄。不過，塞翁失馬，一直為了買這首歌的版權，我們預留了一筆頗多的製作費，以致後來才有機會補拍。電影就是這樣，不到最後一刻，仍然可以繼續修改、再創作。

曾：關於結局的剪接，我們都花了頗長時間，試過不同可能，找尋虛實曖昧之間的哪一點落墨才最合適。結果還是採用了跟原劇本最接近的剪法。

周：影後座談會經常有人問，究竟結局是真是假，也有觀眾疑問那女子是欣欣、是葉嵐，還是二合為一？甚至有觀眾問是否葉嵐幻覺見到阿樂？我通常都是這樣回答：「電影有自己的生命，不是屬於導演的，是屬於每一位與電影產生關係的觀眾。如何解讀就交給觀眾，我不想有標準答案。」其實電影就像一個心理測驗，觀眾如何解讀結局，可能反映了他對愛情的看法和信念。

當然作為創作人，我還是有責任提供蛛絲馬跡，讓每一個解讀都是有跡可尋，而不是生安白造。不過，無論如何解讀，這都是一個悲喜交集，卻又歌頌愛情的結局。如果觀眾相信這個難以置信的結局是真，這是他們愛情的力量，縱然前路茫茫，仍決定排除萬難走在一起。如果觀眾覺得結局是假的，那當然是悲劇，但他們的愛情是真的，他們仍然深愛對方，念念不忘。你曾經說過以《梁祝》的結局作為參考，我頗認同的。

曾：梁山伯與祝英台現實中不能走在一起，死後卻一齊化蝶，那就是淒美。現實中愛情是很難圓滿的，尤其在阿樂與葉嵐身上。我們不希望簡單地說，他們從此快樂地生活下去，然後就結束。怎樣可以成就愛情卻又不天真幼稚，這就是結局想達致的效果。

周：有不少電影的結局都是曖昧，卻又都能夠圓滿解讀，馬田史高西斯（Martin Scorsese）的《不赦島》（*Shuttle Island*）、李滄東的《燒失樂園》都是這樣。我們不是刻意要追求這個境界，只是回到我們的主題，怎樣處理結局最能表達《幻愛》中的「幻」和「愛」。什麼是真？什麼是假？夢是假的嗎？但有人說潛意識和夢才是最真實的，那才是連自己都不認識的真我。什麼是真正的愛情？我不相信荷里活式童話愛情，也不同意有些藝術電影完全否定愛情，只講人性黑暗面，愛情就是有悲也有喜，這就是《幻愛》最想表達的。

影評

《幻愛》：相愛很難，但願酣夢不用醒

登徒

電影放映了半小時，小學教師阿樂（劉俊謙飾），在輕鐵月台上發現清純戀人欣欣（蔡思韵飾），原來是自己思覺失調病發後的幻覺，酣夢乍醒，傷心欲絕，《幻愛》的片名字幕才曳然浮出。

《幻愛》是導演周冠威自首作《一個複雜故事》（二〇一三）後第二部劇情長片，故事以二〇〇六年獲獎短片《樓上傳來的歌聲》為藍本，片名字幕出現前的半小時，情節人物均與《樓上》雷同，帶出阿樂因在街上幫助另一病發者而「認識」欣欣，交往相戀期間，受盡欣欣父親歧視，也揭示了康復者與正常人戀愛之難，這段寫來流暢深入，甜蜜溫馨，最妙是阿樂對戀愛疑幻疑真，要靠錄音機錄下對話，驗證自己是否在幻覺中。

《幻愛》由上述的《樓上》的基礎起始，引入欣欣的真實版：臨牀心理學研究生葉嵐（同由蔡思韵飾），遂發展出阿樂葉嵐欣欣微妙的三角，阿樂在真實與虛幻之間徘徊，葉嵐對研究對象阿樂發展出逾越專業操守的感情，戀情病情糾纏，葉嵐的私德和心障也在

此慢慢揭露，構成另一個複雜故事。

換言之，一面是思覺失調患者阿樂對愛戀的甜夢，一面是輔導者葉嵐能醫不自醫的噩夢，兩人也慢慢墮入愛河，阿樂的單純，對愛情的憧憬和恐懼，也對比了葉嵐視感情為手段，自身又受童年陰霾羈絆的苦痛。

周冠威勝在有條不紊，處理欣欣和葉嵐分野清晰毫不含糊，寫實背景細節紮實。阿樂的精神復康者的支援組織，將病患者還原為常人；葉嵐的研究生和教授導師，學界專業規範也是有根有據，完全擺脫了港片中對精神病患者和臨牀心理學家，往往穿鑿附會的弊病。

但周冠威志不在此，在港片鮮有的精神病題材，一反「正常」與「非正常」的陳套，全力寫心理桎梏，層層深入，觸及相戀之難。阿樂在葉嵐身上，看破了真實的複雜，人心的黑暗，理想情人的希望幻滅，而城市人都有點精神病，在都市這大牢籠中超脫不得。同時創作人藉阿樂的思覺失調，直探城市人的孤獨、寂寞和掙扎，情感真摯，細膩動人。

我特別喜歡周冠威以屯門為基點，將輕鐵單卡車廂作象徵，在黑夜裏踽踽而行的戀人，與獨來獨往的車廂，互為襯托，美麗、孤寂。周冠威花了不少時間捕捉輕鐵相遇又分離的時刻，月台上的失落和等待，兜兜轉轉彎彎曲曲，一如情路，鐵路化為現代人際關係寄託，也令人想起侯孝賢的《珈琲時光》。

初為電影掌鏡的司徒一雷，以淺景深和遠攝鏡，將城市光源融化為朦朧光點，熟悉的異境，如幻如夢，一如英文片名 *Beyond the Dream*，溫暖的色調和悲慘的現實交錯，恍如阿樂失調了的情感世界。

值得一提是，司徒一雷多以中近鏡甚至大特寫為主，兩位新人面對貼近的攝影機卻毫無懼色，複雜心理、情緒跌宕，他倆都應付裕如，確是一大驚喜。演阿樂的劉俊謙特別沉穩有度，某些角度神態甚至酷肖張國榮；蔡思韵雖是港女演員，一直在台灣發展（近作是《返校》），今趟一人分飾兩角，清麗自信，也令人眼前一亮。

那場阿樂病發的「三角戀」成了今年港片中最震撼的場面，嚴密剪接、演繹節奏都交出成績。葉嵐和欣欣互為對峙，阿樂無法抽離，又難以抉擇，痛苦孤絕得撕心裂肺。欲愛難愛，欲斷難斷，阿樂跟慾望的誘惑和阻隔，也寫盡了對真愛的渴望和絕望。

一面是純愛的幻想：欣欣，一面是殘酷的現實：葉嵐，孰真孰假，哪一端才是夢？難怪結局一場行人隧道戲，將欣欣和葉嵐合二為一，真實和幻象刻意模糊起來，像浪漫甜蜜高潮，骨子裏是創作人最悲苦的反諷註腳。

真愛存在嗎？抑或只存在於幻想裏？人間的愛戀，往往都帶着計算和條件，期望和要求，會褪色變質凋謝，甚或是自欺欺人，對身邊人的認識，難免帶着一廂情願的幻想色彩；單純、無條件的愛，或許只存在幻想中！《幻愛》最具觸覺處是，現代人的愛情，大都是幻愛一場。

看着阿樂和葉嵐在隧道中甜蜜擁抱，只覺相愛很難，但願酣夢不用醒。

文章原刊於《明周》（二〇二〇年一月二十三日），承蒙答允於此書轉載。

《幻愛》：什麼是真愛？

賴勇衡

「基本上……治療的效用靠賴於愛。」

——佛洛伊德1906年寫給榮格的信

「在愛中付出的，其實是你本身所缺乏的。」

——拉康（《移情：第八研討班》）

戲名是《幻愛》，主題其實是真愛：怎樣才知道一個人真的愛你？男主角阿樂有思覺失調，幻想出一個女朋友欣欣，一個無條件地愛他的對象。女主角葉嵐是臨牀心理學的研究生，試圖透過治療阿樂而畢業，成為專業的治療師，卻犯禁跟他談戀愛。重點是，欣欣的原型來自葉嵐，兩個角色同樣由蔡思韵飾演。後來阿樂與葉嵐的關係被揭發，她的指導教授中止了療程，阿樂卻病發了。欣欣再次出現，給阿樂安慰，因為葉嵐似乎只是利用阿樂，只有欣欣才是「真」的全心全意愛着他。

電影的高潮是葉嵐來到阿樂的家，三「人」對峙着；欣欣說葉嵐的愛是假的，葉嵐則說欣欣本身就是假的。在真人假愛與假人真愛之間，阿樂似乎怎樣也無法得到真正的愛。問題是，愛情本質上是否虛幻的？精神分析大師拉康主張，愛是自戀的、想像的、欺騙性的；所謂愛，其實是為了被愛。

導演周冠威活用了影像去表達欣欣及葉嵐的真假辯證：在電影長達半小時的楔子裏，從阿樂與欣欣相遇、相愛，到真相大白，欣欣出現的畫面基本上都是自然樸實的，沒有顯示出她像鬼魂一般並非實體。有關「欣欣不是真人」的提示在於她只會和阿樂對話，而其他人則沒有和欣欣有任何互動。在顯示阿樂確認欣欣是幻覺的一場，導演用抽離的遠鏡映着阿樂獨自在月台上，和阿樂看到欣欣的畫面（主觀視點或中近鏡）相對，但調子都是冷靜寫實的。至於葉嵐與阿樂的對手戲裏，若是二人關係向好的場景，則使用金光閃閃的柔和燈光營造夢幻感，反過來質疑這段真人關係的真實性。

葉嵐對阿樂的愛是真的嗎？她本來就充滿機心，擅於以身體作工具，會勾引男教授換取機會。最初她確是利用阿樂；當她知道欣欣以她作為原型之時，便主動追求對方，讓他對幻象的愛慕轉移到她這個本尊身上，完成治療，她便可畢業了。指導教授提醒，阿樂對她產生移情效應，而她須小心反移情。移情的意思不是同情，是心理治療過程中，患者把潛意識中的情感（例如對母親）轉移到治療師身上，而反移情則是治療者自己的潛意識及情感也被對方帶動，猶如「進入角色」。關鍵是治療師對此有所覺察，並藉此契機處理患者的心結。換言之，移情是假的，患者可能會「愛上」治療師，而治療師須守住其專業界線。

結果葉嵐並沒有守住，她動了真情。榮格作為戲裏心理治療的參考，戲劇上的作用卻不是看他的理論，而是個人經歷：這個精神分析的大宗師多次和女病人發生性關係。二〇一二年的電影《危險療情》（*A Dangerous Method*）就是以此為題材。

阿樂雖然靚仔，但他這個精神病人沒什麼優秀之處，因何使一個優材生犯禁而動心？劇本在這一點寫得不算詳盡，能否說服觀眾，須看他們有否透過葉嵐的成長背景而了解其心態——或許在觀眾和角色之間也需要移情。葉嵐問阿樂喜歡欣欣什麼，他說愛她的「真」。這是一個反諷的悖論：真實世界太虛假，只有不存在的人才讓他感到真實。除此之外，就是欣欣給予他無條件的愛。葉嵐知道，在精神病患者飽受歧視的社會裏，阿樂的母親是唯一無條件愛他的人；她離世以後，他便在強烈的孤獨中創造出欣欣去愛自己。葉嵐漸漸生出一個慾望，要取代欣欣，成為那個愛他的真人。

為什麼？因為葉嵐一直是個虛假的人。她外表清純，但性關係隨便，以肉體為手段。但她並沒有「身體自主」的滿足，而是停留在童年陰影中——小時候母親曾迫她赤身露體於人前，以羞辱作懲罰。她其實覺得自己是污穢的、不值得愛的，卻懂得怎樣從好色的男人身上借來親密感。她對阿樂的反移情一發不可收拾，因為她也是需要被治療的人。飽起靜飾演的指導教授威嚴與關懷兼備，本是幫助葉嵐成長的貴人，也盡力讓葉嵐渡過這關口。通常學習心理輔導的人，自己也須被輔導，但劇情發展下來，葉嵐的陰暗面並未在學校得到妥善處理，反而是延續其舊習（男教授和她偷情）。

葉嵐和阿樂雖然在輔導關係的對立方，但其實是互為鏡像，都是那麼孤獨、滿身傷痕、渴望真愛。拉康說「在愛中付出的，其實是你本身所缺乏的」，一方面聽來像那些欠債的人借錢出去圖利的騙局，另一方面則讓人難以理解，但這一點在《幻愛》中卻得到體現：葉嵐渴望成為阿樂的真愛，正因為她一直缺乏真愛。

當阿樂再次病發，欣欣再次出現，而他對葉嵐已失去信心了。什麼是真愛？怎樣證明一個人真愛你？《色．戒》裏的王佳芝需要的證明，是易先生給她買「鴿子蛋」。但鑽戒有錢便能買，你怎樣分辨一個人是假裝還是真的愛你？你怎麼知道他只對你一個人說「I love you three thousand」？對於懷疑論者來說，不論對方說什麼、做什麼，都可能是假裝的；愛的表現不等如愛本身。愛的本質在於信任：你相信我愛你，正如我相信你愛我，愛便是真的。但葉嵐失去了阿樂的信任，愛便是假的。對阿樂來說，欣欣有血有肉有溫度，認知上是假，體驗卻是真的。若愛本來就是一種投射，欣欣的愛對阿樂來說，比這虛偽的世界都更真實。

三方對峙這場戲，撕心裂肺；欣欣和葉嵐一前一後爭着阿樂，具體呈現他心靈的分裂。有關愛的真假辯證延續到開放性的結局，有些觀眾認為兩個主角最後和好，有些則認為那只是葉嵐的夢。大家所看到的，大概也反映出我們各自的慾望與缺乏。

文章原刊於《明報．星期日生活》（二〇二〇年一月二十三日），此為作者原稿，承蒙答允於此書轉載。

《幻愛》：誰的視點？誰在敘事？

朗天

電影《幻愛》有一個奪目的開頭：精神病康復者（劉俊謙飾）在街頭遇見心儀的女孩（蔡思韵飾），發現她碰巧住在他樓上，兩人輾轉發展出一段感情，在他嘀咕該否向她坦白病情之際，幻聽幻視已經復發，他退縮了。女孩在屯門輕鐵的月台上找到他；她對他說，她已知道了一切，即使他有病，她也不介意，繼續愛他。可惜，就在這一刻，他也同步確認，女孩原來一直都不存在，自己只是和一個幻象談戀愛；片名打出，影片的主敘事才正式開始——就在崩潰將臨，就在真實之牆的面前。編導周冠威巧妙地把一個根本已相當完整的故事編作為影片的建立場景（establishing scenes），預示了主題的反覆證成：愛情只是幻覺，欲望在想像之域延擱，偽裝穿越，最終什麼地方都去不了。

《幻愛》當然是關於想像之愛（imaginary love）的，但假如它只是關於想像之愛，這篇評論便不會出現。旁觀主角捕風捉影，男女主角主客權力互轉，固然有一定的趣味，觀眾亦大可各取所需：看俊男美女便感滿足的，影片有足夠的特寫承載期望；那些淺景深構圖及和風燈光設計，除了是聰明的製作方便，以最低成本營造如夢似幻和虛實互掩的氛圍、效果，也可和相關品味傾向的觀眾火速連結；將女主角的女神面紗揭開，順便擴大受害人所指，觸及社會偏見和歧視議題，更是玩弄橋段和彰示主創視野的康莊大路……在指出《幻愛》的論述剩餘之前，定一個框，即使要填滿它，也可以費上數千文字。

剩餘關乎溢出，本文旨在挖掘影片那些多出來的含意。這些含意都有文本理據支撐，所以即使未必是編導很有意識的經營、開心見誠的承認，但也力求避免過度詮釋，將（隱藏的）說話硬塞給敘事者。

來自分身的愛

是的，就讓我們從誰是敘事者開始探究。《幻愛》採取第三身敘事，也就是全知觀點。我們都曉得，全知敘事意味作者就是上帝，而作者的身後，隱伏的是觀眾，他亟欲尋求認同、催生認同的敘述對象。因是之故，我們難免對首段引述諸建立場景中的主觀鏡頭特別留意。在那段標示男主角於愛情幻覺裏亦折騰亦享受的日子，經常有情景顯示有誰在暗中監視他。由於缺乏對照角色，觀眾起初不曉得那具體是什麼人的視點，在全知敘事下唯有視為上帝（也就是作者）的冷眼（大他者），又或者是暫時隱而未現的他者（小他者）。前者可引申出疏離的態度，後者則在製造懸念，是否有效得視乎後續的調度安排。待片名打出銀幕，觀眾初步推知那雙眼睛大抵屬於欣欣（男主角幻想出來的欲望對象）的；正因為她子虛烏有，因此也可無所不在。觀眾看得見的蔡思韵不是一個實體，她的目光因而可以脫離那個身體，另一方面，那目光所「依附」的無形者，也可隨時實化為蔡思韵，供男主角「看見」。電影語言上，這道目光乃不用遵從須接上一個對照角色（嚴格上甚至要其眼部特寫）才成為主觀鏡頭這邏輯，我們也可想像那正好是精神病患者常會主訴經歷的視點分裂——他分裂出一個對象，並且可從這個對象監視自己！當自己竟愛上這個分身時，恐怖的災難就會接踵而至。

從想像之愛的角度，所有戀愛都不外乎自戀，而自戀的神話我們都耳熟能詳：美少年納睡斯（Narcissus）來到水邊，低頭看見自己的影子，當下便迷醉了，無法再離開半步，只能痴痴地注視着那不斷隨水波浮動，夢幻般的倒影，茶飯不思，直至化為一株水仙花。我們愛慾投注的對象並非真實的、別的個體，他們只是一面鏡子。我們愛上的，勿寧是這面鏡子映照出來的，從自身投射出來、想像出來的理想形象。我們在對象身上發現的可愛之處，不須真的為對方所具備，只須為我方所確認便成，而這確認，當然充滿誤置，充滿想當然，以至當每一段戀愛結束之時，總以真相大白，因了解而分手為特徵。「你變了！」這句話的真義，大抵是指對方其實從來未必具備我所愛的東西，終於成為一個殘酷的現實供我面對而已。

自戀的命運

《幻愛》為了清晰表達這種自戀的命運，在主敍事安排了真實的個體阿嵐重新出現。那是另一個現實個體，引發幻愛的來源，但她其實一點男主角喜歡的特質（清純、能無私接受缺陷者，並且永遠不會離開）都沒有；相反，她是一個可以為私利而任意出賣身體，隨時被競爭對手奪走的「淫娃」。透過全知觀點，觀眾很快便看出這位阿嵐的真容，並且處處與欣欣對比——一個實，一個虛；一個危險，一個安全。有什麼比另一個自己更能無條件接受，更徹底明白自己呢？有什麼比跟另一個自己相處更能令自己安心而毋須擔心被棄如敝履呢？那場男主角病發，以致三人（二實一虛）共處一室直接對峙的高潮戲，固然是編導某種「畫公仔畫出腸」，但同時作了巧妙的遮詮——以強化兩個蔡思韵的對比去遮蓋其中一個蔡思韵其實是男主角的分身。

欣欣作為男主角的分身，在那個主敍事被強勢分析的黑山羊之夢也可隱約透視。那個夢被引述了兩遍。第一遍，編導同樣用上看似混亂的主觀鏡頭：一時是山羊所看見的情景，一時則分不清是跟拍的第三身角度，還是那個據說在追逐牠的小女孩視點，抑或另一個未揭示的主觀視點。那個小女孩當然是夢中山羊的欲望對象，但直至那個夢被第二次引述，又或者是在男主角反覆夢見中增加了新元素，一個看似和山羊競爭女孩的小男孩才告現身，觀眾被引導將這小男孩詮釋為山羊的分身，又或者反過來山羊才是這男孩的分身。由於性別相同，觀眾很容易進入這個解釋，並大可即時意會之前那未揭示的主觀視點，可能正是那小男孩的。小男孩透過山羊而被小女孩追逐，但最終是自我追逐！又或者山羊透過小男孩而完成人畜有別而無法將佳人一擁入懷的夢想，一切都是自我生成圓善的欲念遊戲。

黑山羊之夢

夢是無意識的語言，無意識屬（虛的）象徵域。這個黑山羊之夢乃成為《幻愛》一下子進於想象之愛，觸及象徵之愛（symbolic love）的切入點。在老師（鮑起靜飾）的提點下，身為心理輔導研究生的阿嵐，在象徵域找到自己和男主角的連結，其實也是所有人的共通點——母親！黑山羊之夢的真正解釋沒有在電影裏完成，卻透過另外的對白喻示出來。假如自戀屬於想像域，無意識的戀母情結就屬於象徵域。任何人的初戀對象都是母親！這個無意識隱喻指的當然是所有人都會懷念自己出生前的母體（「玄牝」）。必須注意的是，那懷念並非真實情緒的緬懷，而是對失去胚胎歲月，嬰兒害怕母親離開，以至戒奶缺失的隱喻。人出生後永遠回不去美好的「某處」而產生的沮喪、空虛，因而必須尋求替代物填塞那大洞，爆發出種種欲望的變奏。替代物是陽具（象徵），是戀物狂所戀之物，更是任何解釋幻愛，於輔導和治療時產生出來，令一己安心的各種說法。

於是，那不斷暗自監視着男主角（後來包括女主角了）的目光，到這地步便可理解為失落了的母親之眼。對男主角來說，那是被渴望着，永遠包容自己的象徵母親（落入想像域便與欣欣的目光同構），對阿嵐來說，那是她亟欲排斥，卻一直擺脫不了的母親的冷眼。來到這裏，兩個個體（男主角和阿嵐）穿越想像之愛，化解自戀的破壞能量而嘗試求諸象徵力量（輔導、解夢）並沒有成功。因為他們一開始便陷入了「醫生—病人」的關係，而這個關係在社會和專業制度（另一個象徵域），有着種種成文和道德制約，故事也逐步發展成一齣自掘墳墓式的悲劇。直至，真實之愛（real love）終於逼出來，徹底提升了《幻愛》的藝術高度。

拒絕突顯真愛

我要說的當然是片末阿嵐為了「真愛」而放棄當臨床心理學家這一生理想（另一象徵之愛）的情節了。值得留意：「真愛」並不是以一個概念或理念，也不是作為一時衝動而出現的，它是作為拒絕而間接表象。它沒有激情內容，而只是以拒絕象徵，最後也拒絕想像而出現。當阿嵐回去找男主角時，拒絕了別人的她被對方拒絕了。我們慣於說「真愛」是一種不求回報的愛，不求結果的愛，但一旦落入大團圓的敘事裏，不求結果仍會有結果，只有那徹底的拒絕，徹底的落空，才反撞出真實何等殘酷，何以通過拒絕被穿越拒絕內化，而仍為主體所趨，朗現為愛。

大家都在說《幻愛》那疑似大團圓的結局是向商業俗情妥協。參照上面的分析，我們便曉得那其實沒半點妥協。那隧道相擁的場景，阿嵐披上頸巾，幾乎明示她已成為下一個欣欣了。真實之愛也是難以接受之愛，當事人唯有倒退回想像域自保，整個敘事也以一場分身的分身，加倍自戀去回應之前建立場景建立的母題，從而完成了由想像之愛到象徵到真實之愛，再回到想像之愛，由幻愛開始，幻愛結束的敘事循環。

文章原刊於《明報．星期日生活》（二〇二〇年六月二十一日），承蒙答允於此書轉載。

《幻愛》電影製作單位及主創人員

出品	高先電影有限公司　英爾有限公司
出品人	董身達　曾麗芬　唐才智　甄惠梅
監製	曾麗芬　蔡廉明　周冠威　曾俊榮
導演	周冠威
編劇	曾俊榮　周冠威
執行監製	鍾宏杰
美術及服裝總監	潘焱森
攝影指導	司徒一雷
剪接	梁汶姍（H.K.S.E.）
聲音設計	杜篤之　吳書瑤
原創音樂	InterMusic Production
燈光師	張玉泉
策劃	張遨揚
第一副導演	詹可達
攝製	光籽電影有限公司
後期製作	喜鵲媒體
聲音設計及製作	聲色盒子

主要演員

劉俊謙 飾 李志樂
蔡思韵 飾 欣欣／葉嵐
鮑起靜 飾 Dr. Fung
潘燦良 飾 Dr. Simon
張滿源 飾 阿Joe
黃　嵐 飾 阿玲
魏綺珊 飾 Dr. Chan
駱振偉 飾 Rex
蘇皓兒 飾 圖書館管理員

幻愛

小說作者／蔣曉薇
原著劇本／曾俊榮、周冠威
策劃編輯／史曉晴、伍詠慈
文稿校對／何浩然
美術設計／陳詩韻
劇照／梁佑暢
封面海報設計／陳橙
出版發行／突破出版社
香港沙田亞公角山路 33 號突破青年村
電話：2632 0000　傳真：2632 0388
電郵：breakthrough@breakthrough.org.hk
網址：http://www.breakthrough.org.hk
http://www.btproduct.com
承印／陽光（彩美）印刷有限公司
2020 年 6 月初版 1 刷
2020 年 9 月初版 3 刷
2020 年 10 月 2 版 1 刷
2024 年 4 月 2 版 5 刷

Beyond the Dream

Fiction: Chiang Hiu Mei
Original Screenplay: Felix Tsang & Kiwi Chow
First Printing, First Edition, June 2020
Third Printing, First Edition, September 2020
First Printing, Second Edition, October 2020
Fifth Printing, Second Edition, April 2024

Printed in Hong Kong
ISBN 978-988-8562-37-4

本書採用環保油墨印刷